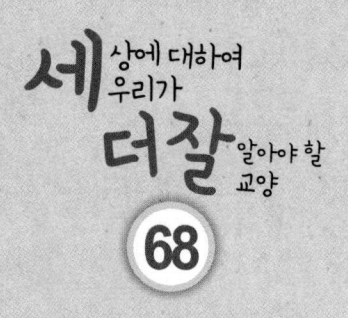

세상에 대하여 우리가 더잘 알아야 할 교양

68

지은이 소개

지은이 **위문숙**

건국대학교 사학과를 졸업하고 같은 학교 대학원에서 서양사를 공부했습니다. 지구촌 곳곳의 좋은 책을 기획하고 번역하며 세상에 대한 관심을 키워 나갔습니다. 내 아이들이 살아가는 곳을 객관적으로 알리고 싶어서 글쓰기를 시작했습니다. 세더잘 49 《아프리카 원조, 어떻게 해야 지속가능해질까?》, 54 《4차 산업혁명, 어떻게 변화되어야 할까?》, 59 《윤리적 소비, 윤리적 소비와 합리적 소비, 우리의 선택은?》를 집필했고, 《지구》《망고한 조각》《빌랄의 거짓말》《파라노이드 파크》《이상한 조류학자의 어쿠스틱 여행기》《랭고》《상식이 두루두루》 등을 우리말로 옮겼습니다.

세 상에 대하여 우리가 더 잘 알아야 할 교양

위문숙 지음

68

대출

안 빌리면 끝일까?

내인생의책

차례

※ 본문의 **굵은 글씨**로 표시된 단어는 109페이지 용어 설명에서 찾아보세요.

들어가며 : 대출은 미래를 당겨쓰는 것이다

독일의 동화작가 미하엘 엔데가 쓴 소설 《모모》는 시간 저축에 관한 이야기입니다. 이발사 푸지 씨가 시간이 없다며 투덜거리자 회색신사가 나타나 솔깃한 제안을 하지요.

"날마다 두 시간씩 20년을 저축해 보세요. 그러면 1억 512만 시간이라는 어마어마한 재산이 모입니다. 그때 당신은 모아둔 시간 재산을 마음껏 쓸 수 있답니다."

얼마 뒤 푸지 씨뿐만 아니라 마을 사람들 대부분이 회색신사가 시킨 대로 시간을 저축합니다. 먹고 자는 시간마저 아끼다 보니 도시는 점점 각박하고 쓸쓸해졌어요. 사람들의 얼굴에서 웃음을 찾아보기도 어려워졌답니다. 미래에 사용하기 위해 현재의 시간을 희생한 결과였지요.

오늘날 현대인은 이발사 푸지 씨와 반대로 미래를 당겨쓰고 있답니다. 미래에 갚아야 할 돈으로 현재를 살아가고 있거든요. 동네에서 자그마한 빵집을 운영하려는 탁구 씨를 예로 들어 볼게요. 사업 자금이 넉넉지 않은 탁구 씨는 은행에 가서 대출을 신청합니다. 은행에서 탁구 씨의 말만 듣고 덥석 대출해 줄까요? 천만의 말씀입니다. 은행은 탁구 씨의 미래에 투자할 만한 가치가 있다는 판단이 들어야 대출해 줍니다. 탁구 씨가 미래에 거둘 이익을 미리 당겨서 내주는 것이지요. 그러니까 탁구 씨가 받는 대출은 미래의 이익이나 다름없답니다.

그런데 우리가 살고 있는 자본주의 사회는 끊임없이 누군가의 투자가 필요합니다. 그리고 이런 투자가 있어야 사회가 멈추지 않고 굴러가지요. 이를 다른 말로 하면 누군가 대출을 받아서 투자를 해야 한다는 뜻입니다. 탁구 씨가 받은 대출 역시 투자를 하기 위한 것이었습니다.

한편, 이제 평범한 가정마저 빚 없는 삶을 상상할 수 없어요. 냉장고와 텔레비전은 물론이고 휴대전화까지 신용카드로 결제한 뒤 매달 조금씩 갚아 갑니다. 주택**담보**대출이나 전세금대출이 있다면 빚은 어마어마하게 늘어나지요. 몇천만 원부터 몇억 원까지 대출받다 보니 소득의 30퍼센트 이상을 이자로 지출하는 가정도 많답니다. 오늘날 우리가 자본주의 사회에서 살아가는 한 대출의 굴레에서 벗어날 수 없다고 하면 지나친 엄살일까요?

우리나라에서 개인의 빚이 늘어난 이유 중 하나는 신용카드입니다. 한국은행의 조사에 따르면 우리나라의 국민 1인당 신용카드 이용 건수는 208건으로 미국이나 일본 등 몇몇 나라에 비해 네 배나 많답니다. 신용카드의 매력은 지금 당장 가진 돈이 없어도 물건을 살 수 있다는 점이지요. 신용카드 회사에서 물건값을 먼저 지불해 주거든요. 물론 나중에 다 갚아야 하므로 신용카드라고 적은 뒤에 외상카드나 대출카드라고 읽어야 할 판입니다.

2018년 한국의 가처분소득 대비 가계대출 비율은 180퍼센트를 넘어서서 **OECD**(경제협력개발기구) 회원국 35개국 중 6위를 기록했어요. 가처분소득 대비 가계대출 비율이란, 한 가정의 소득에 비해 부담하고 있는 대출이 어느

▌신용카드는 외상카드이자 대출카드이다.

정도인지 나타낸 것인데요. 한 가정이 1년을 꼬박 벌어서 한 푼도 쓰지 않고
모아야 빚을 다 갚을 수 있다면 가처분소득 대비 가계대출 비율은 100퍼센
트입니다. 따라서 가계대출 비율이 180퍼센트라는 말은 약 1년 10개월 동안
번 돈을 모두 빚 갚는데 써야 빚을 다 갚을 수 있다는 뜻이에요. 2008년 한
국의 가처분소득 대비 가계대출 비율이 120퍼센트였으니, 10년 만에 가정마
다 지고 있는 빚이 어마어마하게 불어난 셈이지요.

　오늘날 사람들이 빚의 노예로 살아가는 데는 마구잡이식으로 대출해 준
금융권의 책임이 크답니다. 그렇지만 대다수의 사람은 대출을 권하는 금융
권의 불편한 진실을 애써 외면합니다. 청소년은 더 말할 것도 없고요. 소득

이니 이율이니 가계대출이니 하는 것들은 어른들의 몫이라고 생각하지요. 그러나 계속 어른들의 보호를 받으면서 살아갈 수는 없어요. 언젠가는 자기 삶을 책임지고 살아가야 하니까요. 그러기 위해서는 무엇보다 금융 지식을 갖춰야 합니다. 금융 지식이란 그저 돈을 버는 방법이 아니에요. 금융은 무엇이며 돈을 어떻게 관리하고 운영해야 하는지 아는 것입니다. 거기에는 물론 대출에 관한 지식도 포함됩니다.

그런데 과연 대출을 받지 않겠다고 마음을 굳게 먹으면 모든 문제가 해결되는 걸까요? 대출을 권하는 광고 전단이나 텔레비전 광고에 넘어가지 않기만 하면 될까요? 자본주의 사회에서 대출은 자본주의와 생각보다 복잡한 관계를 맺고 있습니다.

자본주의 사회에서 대출은 꼭 필요합니다. 대출이 이뤄져야 투자가 진행되고 더 나아가 기업이 성장하여 이윤이 커지거든요. 이처럼 대출은 우리의 삶과 밀접하답니다. 누가 무슨 사연으로 돈을 빌릴까요? 돈을 빌리고 갚지 못하는 사람들은 왜 자꾸 늘어날까요? 돈은 어디에서 빌려주나요? 우리가 자본주의 사회를 살아가는 데 필요한 것은 창 던지고 활 쏘는 사냥 기술이 아니라 금융 지식입니다.

돈이 없는데 갑자기 병원비나 사업자금이 필요하다면 어떻게 해야 할까요? 사실 주변 사람들에게 돈을 빌리기는 쉽지 않습니다. 그럴 때 금융권의 대출은 단비나 다름없습니다. 몹시 곤란한 상황을 벗어나게 도와주니까요. 많은 사람과 기업이 대출 덕분에 위기를 넘기거나 새로운 미래를 꿈꿉니다. 반면에 대출은 올가미가 되어 개인과 가정을 절망에 빠트리기도 합니다. 대출이란 무엇일까요?

〈칼 안 팔기, 칼 안 갖기〉 운동을 펼쳤던 나라가 있습니다. 어디일까요? 바로 우리나라에서 1963년에 있었던 일입니다. 청소년의 칼부림 사건이 자주 발생하자 경찰은 상인들을 찾아가서 10대에게 주머니칼과 과도를 팔지 말아 달라고 요청했어요. 신문에는 '칼을 가지고 다니면 마음이 나빠진다'라는 주장이나 '어린이들이 연필을 칼로 깎는 일도 좋지 않다'라는 의견이 실렸지요. 경찰의 단속도 점차 심해졌습니다. 심지어 주방용품 파는 가게에서 회칼을 압수한 적도 있었답니다. 상인들은 부엌칼을 쓰는 대한민국 주부들도 잡아가라며 거세게 항의했다는군요.

사실 칼은 죄가 없습니다. 강도의 손에서는 사람을 해치는 흉기가 되기도 하지만, 의사의 손에서는 사람을 살리는 의료 기구가 되거든요. 칼이 가진 양면성이지요. 대출도 마찬가지입니다. 병원비가 없어서 발을 동동 구르는 사람에게 금융권의 대출은 사람을 살리는 한 줄기 빛입니다. 반면에 과도한 대출을 감당하지 못하고 보금자리를 빼앗기거나 함께 자살하는 가족의 사례도 종종 발생하지요. 대출은 사람을 살리는 의료 기구에 가까울까요, 아니면 사람을 해치는 흉기에 가까울까요?

자본주의 경제 체제와 대출

앞에서 은행은 탁구 씨의 미래 수익을 감안해서 대출해 주기 때문에, 대출은 미래를 당겨쓰는 것이라고 말했습니다. 하지만 자본주의는 대출과 좀 더 깊은 연관이 있습니다. 한 나라 안에 있는 돈의 총액이 1억 원이라고 합시다. 그런데 100명의 사람이 각자 집을 갖고 싶어 합니다. 그러면 100명 중의 한 사람인 건설업자가 100채의 집을 짓습니다. 건설업자는 자금을 조달하여 땅을 구매하고 노동력을 들여 집을 짓습니다. 정직한 건설업자는 집값을 한 채당 110만 원이라고 정합니다. 집 한 채당 10만 원은 남겨야 집을 짓는데 필요한 비용 외의 이익을 얻을 수 있기 때문입니다. 그러니 100명이 한 채씩 집을 갖기 위해선 총 1억 1,000만 원이 필요합니다. 하지만 앞에서 말했듯이 이 나라 안에 있는 돈의 총액은 1억 원입니다. 그럼 이 1,000만 원은 어디서 나와야 할까요?

그렇습니다. 중앙은행이 1,000만 원을 다시 찍어서 빌려주는 방식으로 공급해야 합니다. 이 1,000만 원은 건축업자가 만든 집을 100명이 한 채씩 갖게 되었을 때 발생하는 이익이지만, 미리 찍어낸 것이지요. 이것이 미래를 당겨쓴다는 말의 또 다른 의미입니다. 이렇게 자본주의 경제 체제는 미래의 이익을 가져오지 않으면, 다시 말해 대출이 없으면 돌아가지 않는 경제 체제입니다.

경제발전과 대출

대출은 자본주의 사회를 이끌어 갑니다. 산업혁명 이전에는 지주들이 가지고 있는 땅에서 수익이 발생했습니다. 소작농이 지주의 땅을 빌려 열심히 농사를 지은 뒤에 수확량 가운데 일부를 지주들에게 갖다 바쳤으니까요. 산업혁명이 시작되면서 기계와 공장이 땅의 역할을 대신했어요. 그러자 자본을 빌려서라도 기계와 공장을 구입하려는 기업가들이 늘어났습니다. 자본이 있어야만 이익을 얻을 수 있는 자본주의 시대가 막을 열었지요. 기업가들은 노동자를 고용하여 돈을 벌어들였어요.

노동자가 기업가로부터 임금을 받아 소비활동을 시작하자 공장은 더 많은 상품을 만들어 냈어요. 상품을 많이 팔수록 공장에서 일하는 노동자의 수도 늘어났습니다. 경제발전이 자연스럽게 이뤄졌지요. 만약 기업가가 대출을 못 받아서 공장 운영이 어려워지면 어떤 결과를 가져올까요? 운영이 어려워진 만큼 노동자를 해고할 거예요. 실업자가 된 노동자들은 지출을 줄여야 합니다. 그 영향을 받아 상품이 안 팔리고 가게와 공장들이 하나둘 문을 닫으면, 실업자는 더욱 늘어나서 사회가 위기에 빠지게 됩니다. 그러니 대출을 규제하는 순간 자본주의 사회는 멈춰 설지도 모릅니다.

계층이동의 사다리

자본주의 사회에서 계층이동은 앞으로도 가능할까요? 최근에 세계 경제학자 100명이 모든 나라의 소득과 자산이 얼마나 불평등하게 분배되고 있는지 조사했습니다. 조사 내용에 따르면 상위 1퍼센트가 전 세계 부의 20퍼센트를 차지하는 반면, 하위 50퍼센트는 고작 10퍼센트의 부를 갖고 있었습니다. 쉽게 말해서 100명 중의 한 명이 동전 100개 가운데 20개를 갖고 있는 반면에, 50명이 가진 동전은 10개밖에 안된다는 뜻이에요. 이러한 소득격차는 앞으로 더 벌어질 것으로 예상됩니다. 결국, 계층이동이 더욱 어려워진다는 뜻이지요. 자본주의 사회에서는 더 많은 자본을 가진 사람이 더욱더 쉽게 많은 이익을 얻습니다. 예를 들어 동전 20개를 갖고 있다면 동전 한 개쯤은 금방 벌어들이거든요. 자본을 투자하여 공장과 기계를 갖추고 노동자를 고용해 상품을 만들어 내면 큰 이익을 거둘 수도 있습니다.

그렇다면 자본이 모자라거나 거의 없는 계층은 자본가에게 노동을 제공하며, 계속 낮은 임금을 받으면서 살아야 할까요? 시중은행의 어느 전문가

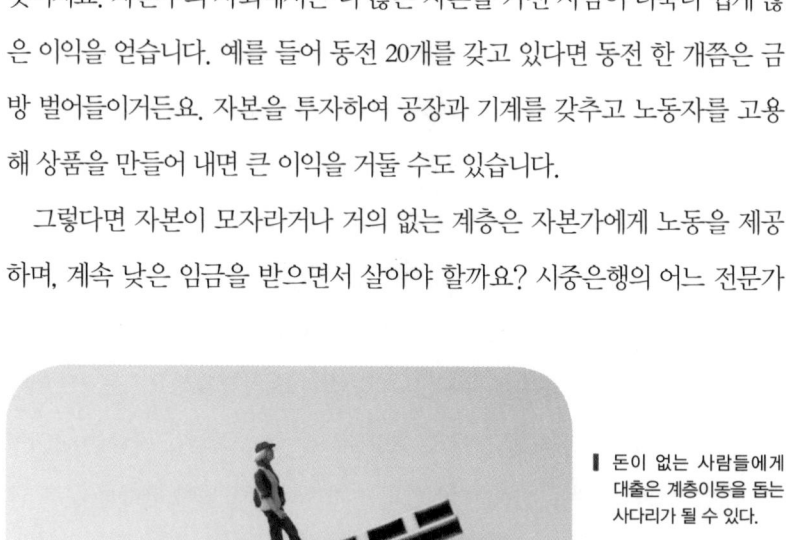

▎ 돈이 없는 사람들에게 대출은 계층이동을 돕는 사다리가 될 수 있다.

는 대출의 중요성을 다음과 같이 주장합니다. "돈이 없는 사람들에게 대출은 계층이동을 도와주는 사다리 같은 역할을 한다. 돈을 모아서 집을 사기는 어렵다. 돈을 모으는 속도보다 집값이 오르는 속도가 더 빠르기 때문이다. 대출을 받아 집을 산 뒤 원금과 이자를 갚아 나가는 편이 더 낫다."

자본이 부족한 자본가는 대출을 적극적으로 활용하곤 합니다. 대출을 받아 공장을 세우고 직원을 채용하여 자산을 늘려 가지요. 또한, 임대사업자가 되고 싶은 땅 주인은 땅을 담보로 대출을 받은 뒤 건물을 세워 세입자를 들이면 됩니다. 세입자가 내는 월세로 이자는 물론이고 원금도 조금씩 갚아 나갈 수 있거든요. 대출은 자본처럼 활용하면 계층이동의 사다리가 되어 줍니다.

레버리지 효과

레버리지는 작은 힘으로 무거운 물건을 들어 올리는 지렛대라는 뜻입니다. 그러니까 레버리지 효과는 자신의 자본이 적어서 큰 이익을 거두기 어려울 때, 다른 사람의 자본을 끌어들인 다음 지렛대로 삼아서 수익률을 높이는 것을 가리킵니다. 예를 들어 자기 돈 100만 원을 투자하여 10만 원을 벌게 된다면 수익률은 10퍼센트입니다. 그런데 타인의 자본인 대출을 5퍼센트의 이자로 100만 원 더 끌어들여 투자해서 20만 원을 번다면 어떨까요? 원금과 이자 5만 원을 갚고도 15만 원을 번 셈이죠. 대출금에 대한 이자를 내고도 수익률이 10퍼센트 이상이라면 대출은 아주 좋은 지렛대가 됩니다.

스티브 잡스는 스마트폰의 대명사인 아이폰을 개발한 애플의 설립자입니다. 비디오 게임 회사에 다니다가 나와서 1976년에 애플 컴퓨터를 설립한 스티브 잡스는 그해 9월에 애플Ⅱ라는 마이크로컴퓨터를 개발했어요. 문제는 애플Ⅱ의 제작비를 댈 만한 자금이 부족하다는 점이었죠. 결국, 스티브 잡스는 은행에서 25만 달러를 대출받아 애플Ⅱ를 생산하기 시작했습니다. 한 대당 1,298달러에 판매된 이 컴퓨터는 가정과 학교에서 가장 많이 사용하는 컴퓨터가 되었지요. 1979년까지 애플Ⅱ 컴퓨터의 판매량은 총 1억 3,900만 대에 이르렀습니다. 25만 달러의 은행 대출이 없었다면 오늘날 시가총액 1조 달러의 애플도 탄생하지 않았을 겁니다.

아프리카의 빈곤국의 가난한 여성을 구해준 대출

가난한 사람들은 대출에서 쉽게 소외됩니다. 그중에서도 가난한 아프리카 여성들의 미래는 대부분 절망적이니, 이윤을 극대화해야 하는 금융권의 입장에서 아프리카 여성들의 대출 신청이 반가울 리 없습니다. 그들이야말로 누구보다 금융권의 대출이 절실히 필요한데도 말이지요. 그런데 마이크로론 재단은 오히려 아프리카의 가난한 여성들에게 돈을 빌려줍니다. 프랑스의 식품회사에 다니던 피터 라이언은 마이크로론 재단을 설립했어요. 그리고 말라위나 잠비아 등 아프리카 빈곤국의 가난한 여성들에게 2, 30만 원 정도의 적은 금액을 대출해 주었습니다. 대출 기간은 4개월이었고, 이자는 낮았지요. 마이크로론 재단은 적은 이자를 받으면서 두 가지 효과를 거뒀습니다. 우선, 이자로 운영비를 충당하게 되니 재단의 자립이 가능해졌어요. 아울러 무이자가 아니다 보니 아프리카 여성들은 좀 더 신중하게 고민하고 대출을 받았답니다.

돈을 빌린 여성들은 장사를 시작했어요. 생선이나 토마토를 파는가 하면 도넛이나 맥주를 직접 만들어서 팔기도 했지요. 그렇게 번 돈은 가족의 음식

사례탐구 마이크로론 재단 이용자

46세의 크리스타벨은 자녀 네 명을 둔 잠비아의 여성입니다. 현재 방 두 개짜리 집에서 자녀 둘과 손자 둘을 돌보며 살고 있습니다. 몇 년 전 남편이 죽자 시댁에서 가재도구까지 몽땅 빼앗아 가는 바람에 크리스타벨은 힘겹게 살아야 했습니다. 아무도 그녀를 도와주지 않았습니다. 하지만 마이크로론 재단은 달랐습니다.

2016년에 크리스타벨은 마이크로론 재단에서 대출받은 8만 원으로 장사를 시작하여 4개월 동안 1만 5,000원의 수익을 올렸습니다. 그 이후로도 크리스타벨은 대출금으로 장사를 계속하여 하루에 세 끼를 먹을 수 있게 되었고, 아이들을 학교에 보낼 수 있었습니다. 크리스타벨은 이제 얼마를 팔고 얼마를 남겼는지 계산도 척척 할 수 있습니다. 그래서 앞으로는 좀 더 여러 가지 물건을 팔아 볼 생각입니다. 요즘 크리스타벨은 새로운 꿈이 생겼습니다. 자녀들을 대학에 보내는 것입니다.

▌ 시장에서 장사를 하고 있는 잠비아 여성.

과 옷을 장만하는 데 들어갔습니다. 4개월이 지나자 여성들은 원금과 이자를 갚을 수 있었어요. 두 번째 대출금으로 장사를 하면서 아이들을 학교에 보냈고, 세 번째 대출금으로는 집수리를 시작했답니다. 약간의 대출금 덕분에 아프리카 빈곤국의 여러 가정이 절대 빈곤에서 벗어날 수 있었습니다. 대출이 없었더라면 그들의 삶은 나아지지 못했겠지요. 아니, 더 악화되었을지도 모릅니다.

농촌을 일으킨 대출

우리나라 전라남도 영광군의 농촌복지센터인 여민동락공동체는 농협에서 받은 대출로 마을을 변화시켰습니다. 영광군 묘량면은 인구가 2천 명에도 미치지 못하는 조그만 농촌입니다. 도시에 살던 사람들이 묘량면에 터전

▍어르신들이 여민동락공동체 공장에서 모싯잎송편을 만들고 있다. 출처: 경향신문

을 잡은 뒤 2008년에 여민동락공동체를 설립했습니다. 당시 묘량면에서는 논농사반 지었을 뿐 버섯이나 도라지 등 상품작물은 재배하지 않았어요. 그래서 일자리가 부족했고 농가마다 벌어들이는 수입은 형편없었지요.

여민동락공동체에서는 묘량면의 발전을 위해 모싯잎송편 공장을 설립하기로 했어요. 마을 어르신들이 모싯잎송편을 오랫동안 만들어 온 데다 재료도 흔했으니까요. 그런데 송편 공장 세울 돈을 구하기가 어려웠어요. 불확실한 농촌의 미래에 선뜻 돈을 투자하는 곳이 없었거든요. 겨우 농협에서 6,000만 원을 대출받아 모싯잎송편 공장을 지을 수 있었지요.

모싯잎송편은 소비자에게 인기를 끌었습니다. 그 결과 2018년에는 3억 원의 매출을 올렸답니다. 묘량면에서는 현재 마을 어르신 50여 분이 모시를 재배하고 송편을 만들고 있어요. 나이가 많아도 일자리를 원했던 어르신들에게 농협의 대출금 6,000만 원은 꼭 필요한 돈이었습니다.

대출의 빛과 그림자

스티브 잡스를 비롯해 여민동락공동체나 잠비아의 크리스타벨에게 대출은 어두컴컴한 동굴 속에서 만난 한 줄기 빛이나 다름없었습니다. 개인과 가정과 공동체의 문제를 해결해 주고 희망을 안겨 주었으니까요. 어느 투자 전문가는 강연회에서 대출을 가리켜 자산을 늘리는 데 훌륭한 도구라고 표현했어요. 대출을 받아 잘 투자하면 원금과 이자를 갚고도 남을 만큼 큰 수익을 올릴 수 있다는 설명을 덧붙였지요. 그 투자 전문가는 부자들이 의외로 빚이 많다며, 강연회에 모인 사람들에게 대출을 적극적으로 권했어요. 그렇다면 대출은 누구에게나 좋은 기회가 될까요? 오늘날 방송이나 신문을 보면 대출로 인한 피해 사례가 자주 나옵니다. 그런데 피해 사례를 살펴보면 단순히 경제적인 어려움으로 끝나지 않고 가정과 인생까지 송두리째 파괴되는 경우가 많습니다.

은행과 우산

《톰 소여의 모험》을 쓴 작가 마크 트웨인은 "은행가란 놈들은 햇빛 쨍쨍할 때 우산을 빌려줬다가 비가 내리기 시작하면 우산을 도로 뺏어 가는 작자들이야"라며 은행의 비열함을 지적했어요. 그 이후로 마크 트웨인의 '은행과 우산' 비유는 사람들의 입에 종종 오르내렸지요.

은행은 어떻게 우산을 빼앗아 갈까요? 평범한 직장인 지수 씨는 은행으로부터 기분 좋은 전화를 받았습니다. 은행의 우수 고객이 되었으니 월급통장을 마이너스통장으로 바꿔 주겠다는 내용이었죠. 마이너스통장은 신용등급이나 **거래실적**에 따라 자동으로 대출해 주는 상품입니다. 지수 씨가 은행에서 받은 마이너스통장의 대출한도는 2,000만 원이었어요.

이제 지수 씨는 월급통장에 잔액이 없어도 이자만 내면 2,000만 원까지 손쉽게 꺼낼 쓸 수 있습니다. 사실 지수 씨는 이자를 내면서까지 마이너스통장을 쓸 생각은 없었어요. 그러던 어느 날 지수 씨는 돈 때문에 미뤄 두었던 일들이 생각났습니다. 그래서 마이너스통장으로 해외여행도 다녀오고 유명한 상표의 가방도 하나 장만했지요. 그러다 보니 마이너스통장의 2,000만 원은 금세 사라져 버렸어요. 얼마 뒤에 사정이 생겨 직장을 그만둔 뒤로 지수 씨는 형편이 어려워졌어요. 그래서 마이너스통장의 이자를 두 달 동안 못 냈어요. 그랬더니 은행에서 이자뿐만 아니라 원금까지 당장 모두 갚으라는 연락이 왔습니다. 지수 씨는 마이너스통장의 대출 기한을 3년으로 알고 있었기에 깜짝 놀랐어요. 이유를 물었더니 은행 직원은 기한이익의 상실이라는 어려운 용어를 들먹이며 빚 독촉을 했지요. 실업 상태인 지수 씨는 걱정스러워서 잠을 이룰 수 없었어요. 은행이 비 오는 날 우산을 빼앗은 것이죠.

알아 두기

기한이익상실
기한이익상실이란 금융권이 기한이 되기 전에 대출금을 거둬들이는 것을 말합니다. 이는 채무자가 대출금의 원금 또는 이자를 두 번 연체할 경우 시행됩니다. 즉 채무자의 신용이 위험하다고 판단한 금융권은 대출 기한이 아직 남았더라도 모든 빚을 당장 거둬들일 수 있습니다. 다시 말해 은행 역시 사기업이라 투자에 따르는 위험을 감내할 이유가 없습니다.

일본의 대출 피해 사례
일본 최대의 대부업체인 아이후루는 치매 환자에게 대출해 준 뒤 가족에게 빚을 갚으라고 강요하는 등 악독한 짓을 일삼았습니다. 특히 일본의 대형 대부업체 다섯 곳에서는 2005년 한 해에만 **채무자**의 사망보험금을 4만 건가량 받아 갔어요. 이 중에서 자살로 확인된 사례만 3,649건에 이르렀습니다. 채무자가 보험에 가입하게 한 뒤 자살을 강요하여 보험금을 타내는 수법이었지요. 사망보험금이 아니라 자살보험금이었던 셈입니다.

일본 대부업체의 악랄한 행동은 몇십 년 전까지 거슬러 올라갑니다. 1992

년에는 대부업체의 잔인함을 고발하는 소설이 화제를 모았어요. 미야베 미유키의 소설《화차》에는 아버지의 빚 때문에 인생의 밑바닥으로 떨어진 주인공이 나옵니다. **대부업자**에게 쫓겨 막다른 곳까지 내몰린 주인공은 다른 여성을 살해한 뒤 그 여성의 신분으로 위장하여 살아갑니다. 주인공이 대부업자의 손에서 벗어나려면 스스로 죽거나 다른 사람을 죽여야만 했던 것이지요.《화차》는 2012년 한국에서 영화로 만들어져 흥행에 성공했어요. 한국 관객의 발길이 이어진 이유 중에는 대부업자의 악랄한 행태가 그저 바다 건너 다른 나라의 이야기가 아니었다는 것도 있었겠지요.

한국의 대출 피해 사례

2009년 4월에 동아일보는 '1년 이자 430퍼센트 부녀 죽음 내몬 악질 사채'라는 제목으로 기사를 실었어요. 등록금을 마련하기 위해 악질 **사채업자**에게 돈을 빌린 여대생은 돈을 갚지 못하자 유흥업소에서 강제로 일해야 했지요. 뒤늦게 이 사실을 안 아버지가 충격과 분노를 이기지 못해 딸을 살해하고 자신의 목숨을 끊은 비극적인 일이 벌어졌습니다.

2011년에는 1억 3,000만 원의 빚으로 고민하던 부부가 어린 두 딸을 죽였습니다. 뒤이어 부부는 계곡 아래로 차를 몰아 자살을 시도했지만 실패했습니다. 2015년에는 40대 가장이 사업 실패로 큰 빚을 안게 되자 세 살짜리 딸을 죽이고 자살했습니다. 2018년에는 이자만 700여만 원을 넘을 정도로 큰 빚에 몰린 가장이 아내와 세 자녀를 죽이고 자살을 시도했어요. 자살 실패로 살아남은 가장은 빚이 수억 원으로 늘어나 고통스러웠다고 진술했습니다.

청소년의 대출 피해 사례

　대부업자의 검은 손길은 나이를 가리지 않습니다. 최근에는 게임과 노박에 빠진 제주도의 고등학생들에게 높은 **이자율**로 돈을 빌려준 대부업자들이 붙잡혔어요. 피해를 본 어떤 고등학생은 20만 원을 빌린 뒤 일주일 만에 30만 원을 갚아야 했지요. 학생들이 돈을 갚지 않으면 대부업자들은 수백 통의 독촉 전화와 문자로 가족을 공포에 빠트렸습니다. 한편 세종시의 어느 고등학생은 불법도박 사이트에서 아르바이트를 하다가 자연스럽게 도박에 손을 댔어요. 돈을 잃게 되자 도박 자금을 구하려고 대출을 받기 시작했지요. 이자율이 워낙 높다 보니 빚은 약 1,000만 원까지 불어났어요. 그 고등학생은 돈을 구하기 위해 남의 물건을 훔치다가 경찰에 적발되어 처벌을 받았습니다.

▎ 급하게 돈이 필요한 사람들을 노리는 불법대출이 증가하고 있다. 출처: 연합뉴스

찬성과 반대 대출의 필요성

찬성

빚을 이용하는 법을 배우는 것은 우리가 부자가 되기 위해 꼭 알아야 하는 중요한 기술이다. 좋은 빚도 있고 나쁜 빚도 있다. 월세를 받을 건물을 구입하기 위해 대출받는 것은 좋은 빚이다.

– 로버트 기요사키 미국의 투자교육가

반대

세상에 좋은 빚은 없다. 언론이 빚을 예찬하고 금융회사들이 대출에 열을 올리면서 누구나 감당 못할 돈을 빌리게 되었다. 우리는 인간으로서 기본적인 품위를 모두 포기하고 빚만 갚으며 살 수 없다.

– 제윤경 한국의 사회운동가이자 경제평론가

- 대출은 경제적으로 어려운 가정이나 마을에 새로운 기회를 제공해 준다.
- 돈을 빌린 뒤 갚지 못해서 고통받다가 가정과 인생을 포기하는 사례가
  세계 곳곳에서 벌어지고 있다.
- 한국에서도 과도한 빚에 시달리다 목숨을 끊는 경우가 종종 발생한다.
  최근에는 고등학생들까지 불법 대부업자의 검은 손아귀에 빠져들고 있다.

2장 대출의 역사와 금융권의 종류

농경 사회에서 농민들은 봄에 곡식이 떨어지면 배고픔을 면하기 위해 지주에게 곡식을 빌리고 나중에 더 많은 양으로 갚았습니다. 성경에도 이자를 받고 돈을 빌려주는 이야기가 나옵니다.

기원전 1700년경에 기록된 **함무라비 법전**에는 '상인이 곡물을 빌려줄 때 곡물 1구르에 대해 100실라의 이자를 받는다. 은을 빌려줄 때는 은 1세겔에 대해 1/6세겔 6그레인의 이자를 받는다'라는 글이 적혀 있어요. 곡식을 빌려

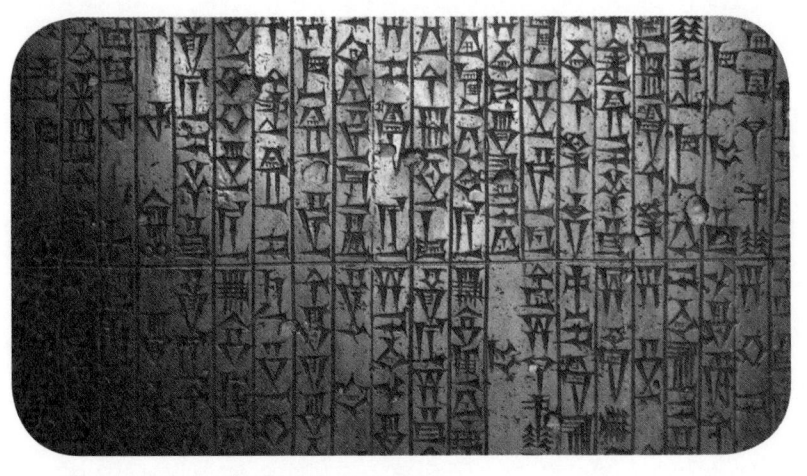

빚과 이자에 관한 기록이 남아있는 함무라비 법전.

주고 이자를 받는 행위는 인류의 역사만큼 오래되었는지도 모릅니다. 심지어 최초의 글자인 쐐기문자가 만들어진 이유가 빚과 이자를 기록하기 위해서라는 주장도 있답니다.

중세 시대의 대출

중세는 기독교가 지배하던 시대라 이자를 죄악으로 여겼어요. 이자는 시간에 값을 매기는 행위였기 때문이지요. 씨앗을 심으면 열매를 맺고, 가축을 기르면 새끼를 낳지만, 돈은 아무것도 생산하지 못합니다. 그런 돈을 빌려주고 시간이 지났다는 이유로 이자를 받는 것은 하나님의 신성한 영역인 시간을 모욕하는 범죄행위였지요. 유대인들이 **고리대금업**으로 돈을 벌 수 있었던 까닭은 기독교인들이 종교적인 이유로 고리대금업에 손을 대지 않았기 때문입니다. 당시 사람들은 고리대금업자가 죄를 뉘우치지 않고 죽으면 땅에 묻어 주지도 않았어요. 범죄자로 취급하며 동물의 뼈를 버린 곳에 시신을 버렸습니다.

금세공업자의 대출

17세기 중반 영국 런던의 시민들은 화폐를 만드는 조폐국에 귀금속을 맡겼어요. 그러나 전쟁으로 국가에 더 많은 예산이 필요하게 되자 조폐국은 보관 중이던 귀금속과 화폐를 다 써버렸지요. 런던 시민들은 더는 조폐국을 믿을 수 없었기에 금(金)세공업자를 찾아갔습니다. 금세공업자들은 금을 보관하기 위해 아주 튼튼한 금고를 만들었거든요. 사람들이 금을 맡기자 금세공업자는 보관증을 발급해 주었어요. 사람들은 무거운 금 대신 보관증으로 거래하기 시작했지요.

한편 금세공업자들은 맡고 있던 금을 다른 사람들에게 빌려주고 이자를 받았습니다. 금을 맡긴 사람들이 그 사실을 알고 항의하자 금세공업자는 이자를 나눠 갖자고 제안합니다. 금을 맡기면 이자를 주는 예금이자의 개념이 이때부터 등장한 것이지요.

대한제국 시대의 대출

우리나라에서도 대출의 역사는 삼국시대까지 거슬러 올라갑니다. 농민들은 봄에 식량이 떨어지면 지주에게 가서 곡식을 빌렸어요. 그리고 가을에 곡식을 수확하면, 빌린 것보다 훨씬 많은 양으로 갚았지요.

1897년에는 조선의 기업과 상인들을 돕기 위해 우리나라 최초의 민간은행

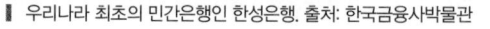
우리나라 최초의 민간은행인 한성은행. 출처: 한국금융사박물관

인 한성은행이 세워졌습니다. 한성은행은 상인들에게 쌀이나 금 같은 물품이 아닌 화폐를 빌려주었는데요. 어느 날 대구에서 온 상인이 한성은행에 와서 돈을 빌려달라고 요청했습니다. 물건을 구입할 돈이 필요했던 것이지요. 은행의 임직원은 회의를 했습니다. 혹시라도 돈을 돌려받지 못할 경우를 대비해 담보가 필요했는데, 멀리 대구에 있는 상인의 집과 땅을 담보로 잡을 수가 없었어요. 그래서 상인이 타고 온 당나귀를 담보로 잡고 돈을 빌려주었습니다. 은행 직원들은 혹시라도 당나귀가 잘못될까 봐 먹이를 주며 정성껏 보살폈답니다. 그러나 돈을 빌려 간 상인이 나타나지 않는 바람에 은행 임원들이 당나귀를 관용차처럼 타고 다녔다는군요.

제1금융권

"어휴, 내가 돈을 쌓아두는 것도 아닌데 왜 그러니?"

텔레비전 드라마에서 주인공이 목돈을 요구하자 어머니가 한숨을 내쉬며 이렇게 대답합니다. 그렇다면 드라마 주인공이 가야 할 곳은 어디일까요? 우선 제1금융권을 찾아갑니다. 거리에서 쉽게 볼 수 있는 국민은행이나 하나은행 등을 비롯한 시중은행과 경남은행이나 전북은행 같은 지방은행이 제1금융권에 해당합니다. 제1금융권은 대체로 규모가 크고 지점이 많아 이용하기 편리합니다. 대출이자도 다른 곳에 비해 낮으므로 돈이 필요하다면 가장 먼저 문을 두들겨야겠지요. 한 가지 아쉬운 점은 대출 조건이 까다롭다는 겁니다.

제1금융권은 돈을 빌려주기 전에 담보부터 요구합니다. 담보를 요구한다는 말은 이런 뜻이지요. '우리가 뭘 믿고 당신에게 돈을 빌려줍니까? 돈이 꼭 필요하면 뭔가 맡기시죠. 혹시라도 돈을 못 갚으면 맡긴 것은 우리가 갖겠습니다.' 그러니까 대출을 받을 때 담보를 제공하는 것은 '내가 돈을 못 갚으면 이거라도 가져가시오'의 의미랍니다.

금융권이 좋아하는 담보는 대출금액 이상의 가치를 지닌 자산입니다. 우리나라에서는 건물이나 땅처럼 움직이지 않는 자산인 부동산일 경우가 많습니다. 때로는 움직이는 자산인 자동차를 담보로 맡기도 하지요. 집이나 자동차가 없는 사람은 무엇을 담보로 맡겨야 할까요? 은행은 부동산이나 동산 등 **물적담보**가 없는 사람에게 **인적담보**를 요구합니다. 인적담보란 '내가 못 갚으면 이 사람이 갚아줄 겁니다'라는 의미이며 흔히 보증이라고 표현하지요. 물적담보도 없고 인적담보를 제공하기 어려운 사람은 **신용대출**을 받아야 합니다. 대표적인 신용대출 상품으로는 마이너스통장이 있지요. 월급이 꼬박꼬박 들어오는 안정적인 회사에 6개월 이상 다니고 있다는 증거를 제시하면 많게는 5,000만 원까지 빌려줍니다. 집도 없고 차도 없는데 보증으로 내세울 사람도 없다고요? 게다가 직장도 변변치 않다고요?

그럴 때, 제1금융권은 대출을 딱 잘라서 거절합니다. 몇몇 언론은 제1금융권의 이런 행태에 대해 땅 짚고 헤엄치기식의 영업이라고 비난한답니다. 적어도 제1금융권이라면 담보나 보증이 없더라도 기업의 전망이나 개인의 신용을 참고해서 대출해 주는 자세가 필요하거든요. 어쨌든 제1금융권에서 대출을 거절당한 사람들은 대부분 제2금융권으로 가야 합니다. 하지만 제2금융권부터는 돈을 빌리기 위해 부담해야 할 위험이 엄청나게 커집니다.

제2금융권

새마을금고를 비롯해 저축은행, **캐피탈**, 카드회사, 증권사 등의 제2금융권은 비은행금융기관이라고 불립니다. 제2금융권은 예금이자와 대출이자 모두 제1금융권보다 높은 편이에요. 한국은행에 따르면 2018년 제1금융권의 평균 대출이자는 1년에 3.64퍼센트입니다. 반면에 제2금융권의 평균 대출이자는 1년에 15퍼센트가 넘습니다. 1,000만 원을 1년 동안 빌릴 때, 일반은행의 이자는 37만 원 정도인데 저축은행의 이자는 150만 원이 된다는 뜻이지요. 참고로 일반적인 기업들이 1년에 벌어들이는 수익률도 15퍼센트를 넘는 경우는 그리 많지 않습니다. 그러니까 이자율이 1년에 15퍼센트라는 것은 매우 높은 편이라는 말입니다.

한편 제2금융권에서도 대출을 거절당할 수 있습니다. 직장이 안정적이지 않거나 통신비 연체가 잦으면 제2금융권에서도 돈을 빌려주지 않는답니다. 제2금융권에서도 돈을 빌리지 못한 사람들은 제3금융권에 손을 벌리겠지요.

제3금융권

제3금융권에는 주로 대부업체가 포함됩니다. 텔레비전 광고에 자주 나오는 산와머니, 리드코프, 러시앤캐시 등이 여기에 해당합니다. 언론에서는 소비자금융이라고도 부르는데요. 제1, 2금융권과 달리 대출을 전문으로 취급합니다. 제2금융권보다 대출받기는 쉽지만, 이자는 법에서 정해놓은 최고**금리** 24퍼센트를 주로 받습니다. 1,000만 원을 1년 동안 빌리면 이자가 240만 원에 이르겠지요. 그나마 매달 이자를 꼬박꼬박 갚아야 그 정도이고 이자를 제때 못 내면 연체이자까지 물어야 합니다. 하지만 제3금융권 역시 제1, 2금

1999년 한국에서는 이자제한법을 폐지했습니다. 금융기관에서 이자를 얼마든지 받아도 된다고 법으로 보장한 것입니다. 일본계 대부업체는 당시 일본 정부의 강력한 규제로 위기에 처해 있던 터라 한국 시장에 눈독을 들였습니다. 1999년 4월 일본계 대부업체인 A&O(에이앤오)크레디트를 시작으로 여러 대부업체가 앞다퉈 한국에 진출했습니다. 그리고 일본에서 활동하던 경험을 살려 텔레비전으로 광고를 내보내고 영업장을 은행처럼 꾸며 소비자를 유혹했습니다. 그 결과 일본계 대부업체는 가파르게 성장했습니다. 러시앤캐시의 경우 2000년에 자본금은 133억 원이고 이자 수익은 142억 원이었습니다. 10년 뒤 러시앤캐시는 자본금이 약 43배 증가하고 이자 수익은 32배 늘어나 한국 대부업체 시장에서 1위를 차지했습니다.

2016년 조사에 따르면 일본계 대부업체는 국내 시장의 절반 이상을 장악한 상태입니다. 더 심각한 것은 일본계 대부업체의 저축은행 진출입니다. 일본계 저축은행 네 곳의 한국 시장 점유율은 20퍼센트에 이르렀습니다. 일본계 대부업체와 저축은행으로는 산와머니를 비롯하여 러시앤캐시, 미즈사랑, 리드코프, SBI저축은행, JT친애저축은행, OK저축은행 등이 있습니다.

일본계 저축 자산규모 (단위: 억 원, %)

	2014년말	2015년말	2016년말
SBI	38,173	41,286	51,400
OSB	11,159	13,441	17,820
JT친애	11,422	14,986	19,633
JT	3,369	4,2977	7,540
저축은행 총자산	377,815	438,618	523,803
일본계 비중	17	16,9	18

일본계 자산 (단위: 억 원)

2년새 증감률 50.3%

2014년말	2015년 9월	2015년말	2016년 9월	2016년말
64,123	67,827	74,010	91,479	96,393

융권과 마찬가지로 정부의 관리와 감독을 받는 **제도금융**에 해당합니다. 제3금융권에서 대출을 거절당한 사람들은 불법으로 운영하는 사채업자를 찾아가기도 합니다.

불법 사채업

'누구나 대출 가능', '급한 돈 바로 대출', '전화 한 통화로 대출' 등의 글이 적힌 전단이나 스티커를 본 적이 있나요? 십중팔구 불법 사채업자들입니다. 신용등급 7등급 이하의 **저신용 서민**에게도 선뜻 돈을 빌려주는 대신 이자가 상상을 초월하지요. 어느 정도냐고요? **연이율** 1,000퍼센트에 이르는 경우도 있답니다. 100만 원을 빌리면 1년 이자가 1,000만 원이라는 뜻입니다. 혹시라도 이자와 원금을 제대로 갚지 못하면 무시무시한 협박과 불법 추심이 이어집니다. 불법 사채시장은 정부의 감독이 미치지 않는 곳이라, 나중에 문제가 발생하더라도 도움을 받기 어렵습니다. 그런데도 불법 사채업자에게 손을 내밀 수밖에 없는 사람들이 많습니다.

간추려 보기

- 17세기 영국의 금세공업자는 보관 중인 금을 다른 사람들에게 빌려주고 이자를 받았다.
- 우리나라 최초의 민간은행인 한성은행에서는 당나귀를 담보로 잡고 돈을 빌려주었다.
- 제1금융권은 대출이자가 낮은 대신 대출 조건이 까다롭다. 제2금융권은 대출이자가 다소 높은 반면, 대출 조건은 그다지 까다로운 편이 아니다. 제3금융권은 대부업체인데 대체로 **법정 최고금리**를 대출이자로 정한다. 정부의 규제를 벗어난 사채시장은 신용등급이 7등급 이하여도 대출을 해주지만 원금의 몇 배를 이자로 받는 불법을 서슴지 않는 경우가 많다.

33강 환율을 반드시 알아야 하는 이유

물이 고이면 썩듯이 돈도 한곳에 몰리면 문제가 생깁니다. 금융권이 탐욕스럽게 돈을 모으기만 하면 경제가 제대로 돌아가지 않습니다. 돈이 돈을 벌어들이는 세상이 되는 거지요. 금융권은 더 많은 이자를 벌기 위해 마구잡이식으로 대출을 해 줍니다. 물론 그 모든 책임이 금융권에 있는 것은 아닙니다. 개인들 역시 빌린 돈을 갚을 수 있을지 신중하게 고민하지 않고 대출을 받아 이익을 남기고 싶어 하는 경우가 많으니까요. 그런데 개인과 금융권의 욕심이 함께 작용해서 발생한 문제로 인해 개인뿐만 아니라 국가 전체가 위기에 빠지기도 합니다.

앞에서 나왔던 탁구 씨는 은행에서 대출을 받아 빵집을 차렸어요. 빵이 맛있다는 소문이 나면서 손님이 제법 늘었지요. 형편이 좋아진 탁구 씨는 중고차를 한 대 샀고 초등학생 아들을 태권도 학원에 보내기도 했어요. 탁구 씨가 꼬박꼬박 이자를 갚자 은행은 만족스러웠습니다. 얼마 뒤 누군가 탁구 씨네 빵집에 대한 소문을 듣고 은행에 대출을 부탁했습니다. 은행은 새로 빵집을 열겠다는 사람에게 선뜻 돈을 빌려주었어요. 빵집이 두 군데로 늘어나자 탁구 씨의 수입은 줄어들었습니다. 그러나 은행은 탁구 씨가 돈을 벌든 말든 관심이 없습니다. 그저 이자만 많이 받으면 되니까요. 그래서 빵집을 열겠다는 사람들에게 계속 대출을 해 주었어요. 과연 어떤 결과를 낳았을까요? 빵집이 많아지자 수입이 줄어서 그 동네 빵집이 모두 문을 닫았습니다. 금융권의 지나친 탐욕 때문이었지요. 세계 곳곳의 금융회사 역시 혀를 내두를 정도로 탐욕스럽습니다. 우리는 이 점을 명심해야 합니다.

소액금융

니카라과는 멕시코 아래쪽에 자리 잡은 인구 550만의 자그마한 나라입니다. 2008년에 유럽과 미국의 투자회사들이 니카라과의 소액금융기관에 무려 4억 2,000만 달러를 투자했어요. 왜 이런 일이 벌어졌을까요? 당시에는 전 세계적으로 소액금융운동이 큰 화제를 모았습니다. 소액금융운동은 몇몇 **사회적기업**이 빈곤국의 **저소득층**을 돕기 위해 적은 돈을 담보 없이 빌려주면서 시작되었어요. 그런데 소액금융운동의 결과는 놀라웠습니다. 약속한 날이 되자 대출한 사람들의 90퍼센트 이상이 돈을 갚았거든요.

대형 금융회사들은 저소득층을 위한 소액금융에 관심을 기울였습니다. 스위스의 블루오처드 투자회사는 이윤을 얻는 동시에 가난한 나라의 기업가를 도울 수 있는 가장 확실한 방법이라면서 니카라과에 4,600만 달러의 자금을 투자했어요. 이처럼 자금이 몰리자 소액금융기관이 곳곳에 자리를 잡고 니카라과의 서민들에게 대출을 해 주었어요. 이자율이 원금의 60퍼센트까지 치솟았지만, 신경 쓰는 사람들은 별로 없었어요. 돈을 빌려 간 니카라과의 서민 99퍼센트가 정해진 날짜에 대출을 갚았기 때문이죠.

어떻게 그처럼 기적 같은 일이 벌어졌을까요? 비결은 간단했습니다. 사람들은 돈을 갚아야 할 날짜가 되면 100미터 떨어진 다른 소액금융기관에 가서 새로 대출을 받아 해결했거든요. 심지어 19군데에서 대출을 받은 사람까지 생겨났답니다.

소액금융의 부작용

결국, 니카라과의 농촌은 대출을 감당하지 못하고 대혼란에 빠졌습니다. 니카라과에서 대출을 받은 사람들은 가난한 농민들이었어요. 이웃 농민들이 대출을 받아 농기구뿐만 아니라 텔레비전을 사는 모습을 보고 너도나도 소액금융기관을 찾아갔던 것입니다. 소액금융기관에서 빌린 돈을 다 써 버린 농민들은 대출금을 갚기 위해 다른 소액금융기관에서 대출을 받아 돌려막기를 시작했어요.

그러던 어느 날 니카라과 북부의 작은 마을에서 사건이 터졌어요. 소액금융기관 직원이 대출금을 갚지 못한 농민들과 다투던 끝에 경찰을 불렀거든요. 경찰은 농민 30여 명을 붙잡아 감옥에 보냈지요. 니카라과 곳곳에서 농민들을 석방하라는 시위가 격렬하게 벌어졌답니다. 더 나아가 빚을 갚지 말자는 운동까지 일어났어요. 깜짝 놀란 투자회사들은 긴급히 원금을 회수했어요. 4억 2,000만 달러에 이르렀던 대출자금은 1억 7,000만 달러까지 줄었지요. 소액금융기관은 대출금을 거둬들이기 위해 니카라과의 서민들을 상대로 협박과 폭력을 행사했습니다. 누군가는 감옥에 갔고 누군가는 재산을 모두 빼앗겼습니다.

서브프라임 모기지론

2000년대 초반에 미국에서는 서브프라임 **모기지론**이 광풍을 일으켰습니다. 안정적인 투자처를 찾던 금융권이 주택담보대출의 일종인 모기지론에 눈독을 들인 거지요. 미국 모기지론 이용자는 신용도에 따라 프라임, 알트에이, 서브프라임의 세 등급으로 나뉩니다. 프라임 등급 이용자들은 이자를 꼬박꼬박 낼 수 있으므로 꽤 훌륭한 투자처였어요. 게다가 주택을 담보로 잡을 수 있으니 안정적이었고요.

문제는 모기지론을 받으려는 프라임 등급 이용자가 많지 않다는 것이었죠. 금융회사 직원들은 머리를 굴렸습니다. '등급이 낮은 사람들에게 이자를 많이 받고 주택담보대출을 해 주면 어떨까? 신용등급이 낮더라도 주택 가격은 계속 오를 테니까, 주택을 담보로 잡는 한 위험하진 않을 거야.' 모기지

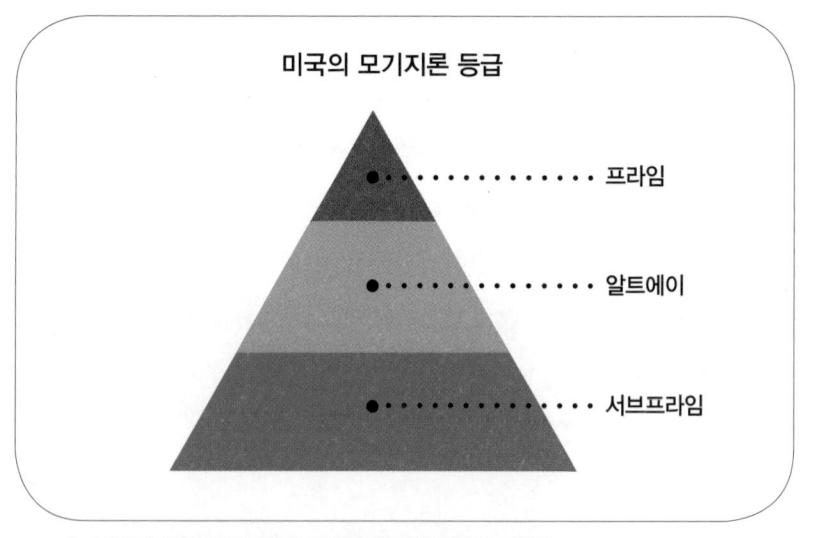

미국의 모기지론 등급

●·············· 프라임

●·············· 알트에이

●·············· 서브프라임

▎금융권은 신용등급이 낮은 서브프라임 등급에게 대출을 남발했다.

론은 알트에이 등급에 이어 서브프라임 등급으로도 확대되었습니다. 서브프라임 등급에는 일봉직 노동자나 무직자들이 많았지만, 금융권은 개의치 않았습니다. 이때 닌자NINJA 대출이 성행했는데요. No Income, No Job, no Asset. 즉 수입이 없고 직업이 없고 자산이 없어도 무조건 대출해 준다는 뜻이었어요. 심지어 죽은 사람에게 대출을 해 주는 경우도 있었습니다.

전문가 의견

한 나라를 정복해 예속시키는 방법은 두 가지다. 하나는 칼로 정복하는 것이고 다른 하나는 빚으로 정복하는 것이다.

– 존 애덤스 미국 대통령

서브프라임 모기지론의 피해

서브프라임 모기지론이 끼친 영향력은 엄청났습니다. 대출을 받아 집을 구입하는 사람들이 많아지면서 집값은 저절로 올랐어요. 오르는 집값은 주택투자와 대출금 상승으로 이어졌지요. 집값이 상승하니 대출을 많이 받아도 괜찮다고 생각했던 것이죠. 아울러 사람들의 씀씀이도 헤퍼졌습니다. 2006년이 되면서 상황은 바뀌었습니다. 미국 정부가 경기를 안정시키려고 **기준금리**를 올렸거든요. 높은 이자가 부담스러워진 사람들이 하나둘 집을 팔면서 집값은 금세 곤두박질쳤어요. 심지어 집값이 대출금보다 내려가기도 했지요. 집을 팔아도 대출금을 다 갚을 수 없게 된 것입니다. 집은 집대로 잃고 빚만 남는 경우도 발생했어요.

2008년에 사람들이 대출금과 이자를 갚지 못하고 길거리로 나앉자 은행들 역시 어쩔 수 없이 문을 닫았어요. 은행의 주택담보대출에 투자했던 투자회사들도 타격을 입었습니다. 심지어 세계 4위의 투자회사로 꼽히던 리먼 브라더스마저 파산했지요. 서브프라임 모기지론이 폭락하는 바람에 6,000억 달러의 빚을 지게 되었거든요. 미국 사회 역시 600만 명이 실업 상태가 되고 19조 2,000억 달러에 이르는 자산이 사라졌어요. 금융권의 무분별한 대출로 인해 미국 사회와 세계경제가 한동안 고통을 겪었습니다.

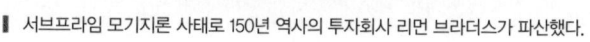
▌ 서브프라임 모기지론 사태로 150년 역사의 투자회사 리먼 브라더스가 파산했다.

신용카드 대란

한국에서는 신용카드가 폭발적으로 늘어났어요. 1998년 외환위기가 닥치자 경제는 마이너스성장에 머물렀으며 국내 소비도 크게 감소했습니다. 수입은 줄고 일자리는 불안한데, 물가까지 치솟자 사람들이 허리띠를 졸라맸기 때문이지요. 1998년 외환위기 상황에서도 국민 총저축률이 1997년에 비해 3퍼센트나 늘었다니 어떤 분위기였는지 짐작할 수 있겠지요?

1998년 하반기에 정부는 소비를 부추겨 경기를 활성화하자는 결론을 내립니다. 정부가 내놓은 방법은 신용카드 발급과 **현금서비스**에 대한 규제완화였어요. 은행과 카드회사는 9만 명의 모집인을 통해 적극적으로 신용카드를 발급했지요. 2004년 감사원 감사 결과에 따르면 수입이 없어서 국민연금

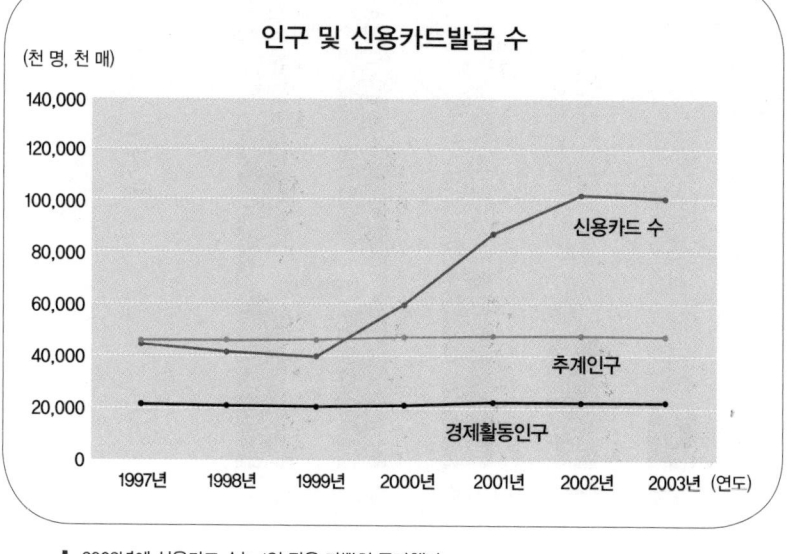

▌ 2002년에 신용카드 수는 1억 장을 가뿐히 돌파했다.

보험료를 못 내던 184만 명에게 400만 장이 넘는 신용카드가 발급되었답니다. 심지어 사망자 189명에게까지 신용카드가 발급되었어요. 결국, 1997년에 4,000만 장이었던 카드는 폭발적으로 늘어나 2002년에 1억 장을 돌파합니다.

또한, 현금서비스 즉 단기카드대출의 한도가 1,000만 원까지 올라갔습니다. 카드를 열 장 가진 사람은 현금서비스를 1억 원까지 받을 수 있다는 계산이 나옵니다. 정부의 계획대로 소비는 계속 늘어난 반면 곳곳에서 불안한 현상이 나타났어요.

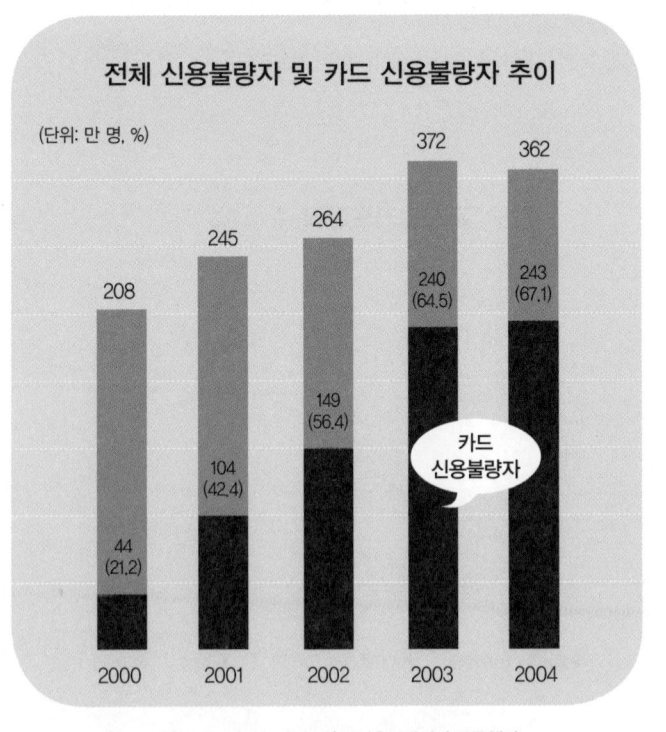

전체 신용불량자 및 카드 신용불량자 추이

(단위: 만 명, %)

카드
신용불량자

	2000	2001	2002	2003	2004
전체	208	245	264	372	362
카드	44 (21.2)	104 (42.4)	149 (56.4)	240 (64.5)	243 (67.1)

▌ 과도한 신용카드 발급으로 인해 신용불량자가 급증했다.

신용카드 대란의 문제

신용카드 발급이 마구잡이로 이뤄지자 부작용이 나타났어요. 소득이 불안정하거나 수입보다 지출이 많은 사람들이 신용카드 이용대금을 연체하기 시작하자, 카드회사는 빚을 받아내기 위해 연체자들을 다그쳤습니다. 어떤 채무자들은 한 카드회사의 추심에서 벗어나기 위해 다른 카드회사에서 대출받아 빚을 갚았어요. 이른바 '카드 돌려막기'였지요. 또, 불법 대부업체로부터 사채를 끌어다 쓰기도 했답니다. 금융권이 높은 이율의 이자로 배를 불리고 빚을 받아 내는 동안 서민들은 **신용불량자**로 전락했어요.

▎ 신용카드 대란 당시 새로운 카드 대출을 받아서 기존의 카드 대출을 막다가 신용불량자로 전락한 사람들이 많이 발생하였다.

2003년에 등록된 신용불량자 69만 명을 조사해 보니 무려 9개 이상의 금융기관에서 대출받은 것으로 나타났어요. 또한, 미성년자에게도 카드 발급이 이뤄져 10대 신용불량자를 7,000명이나 만들어 냈지요. 신용불량자는 금융회사 대출금이나 신용카드 이용대금을 제때 갚지 못한 사람들을 가리킵니다. 신용불량자가 되면 일정 기간 신용카드 발급과 대출 등 금융거래를 할 수 없을 뿐만 아니라 금융기관 취업도 불가능했어요. 일반 기업 역시 신용불량자는 잘 뽑지 않았지요. 2004년에 등록된 신용불량자 중에서 신용카드로 인한 신용불량자는 무려 2백만여 명에 이르렀습니다. 그 결과 노숙자와 자살자의 수가 급증했어요. 2000년에 청장년층의 자살자 수가 2,700명 정도였는데 2004년이 되자 4,400명으로 늘어났습니다.

- 니카라과의 소액금융기관들은 농민들에게 닥치는 대로 대출해 주었다. 농민들은 대출금을 갚지 못하고 감옥에 갇히거나 재산을 몽땅 빼앗겼다.
- 미국에서는 서브프라임 모기지론에 투자했던 리먼 브라더스가 파산했고 미국의 경제뿐만 아니라 전 세계의 경제까지 휘청거렸다.
- 외환위기 당시 우리나라 정부는 경제 활성화를 위해 신용카드 발급과 현금서비스 한도 확대 정책을 펼쳤다. 무려 1억 장의 카드가 발급되면서 2, 3년 만에 신용불량자는 400만 명으로 늘어났다.

4장 대출 권하는 사회

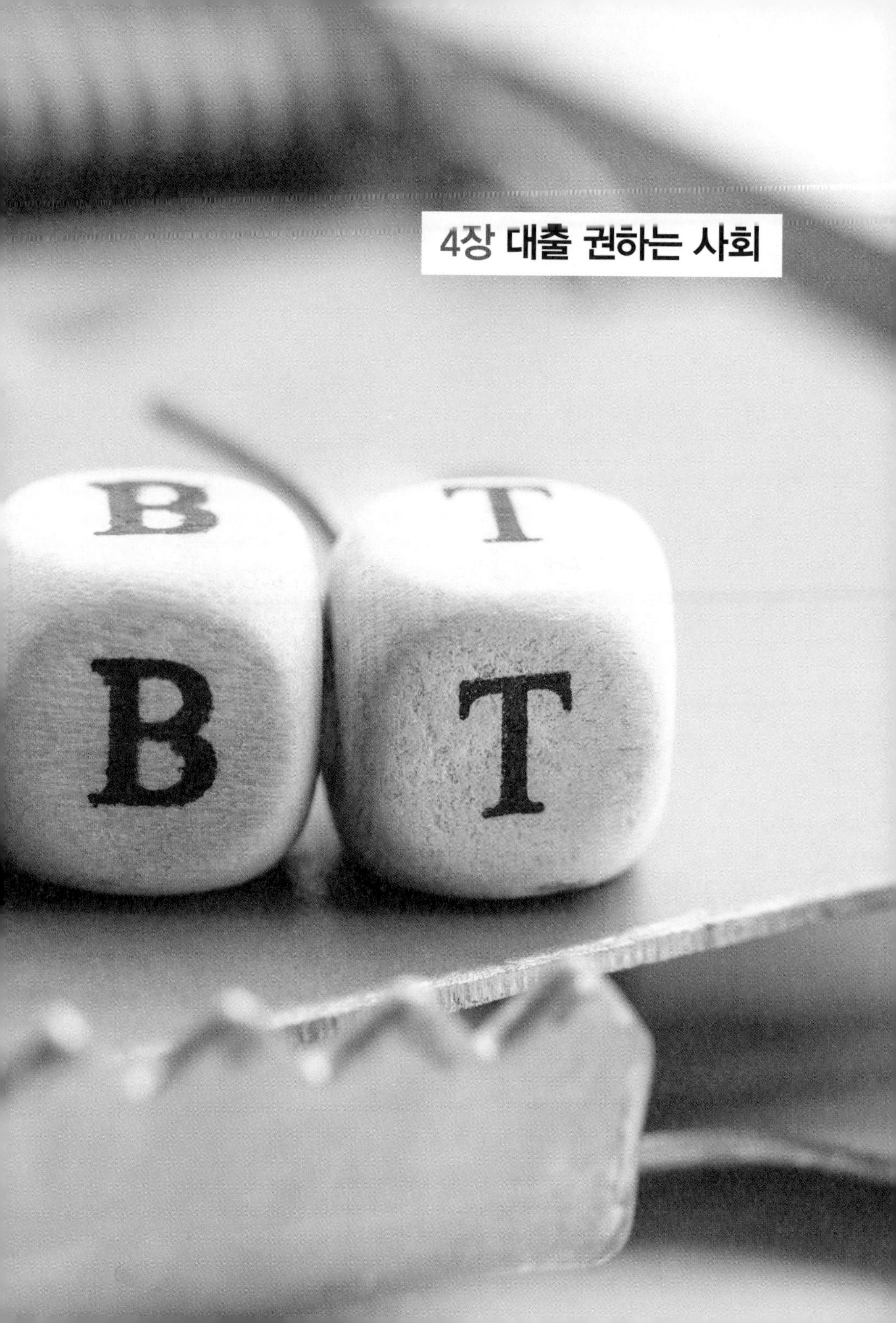

소비자는 물건을 살 때 과연 이성적으로 판단할까요?

기업은 상품을 광고하며 꼭 필요한 것이라고 끊임없이 소비자를 설득합니다. 또한, 값진 물건을 사야만 소비자의 가치도 올라가는 법이라고 부드럽게 속삭입니다. 그 결과 우리는 무의식적으로 좀 더 많은 물건과 좀 더 비싼 물건을 선택하게 됩니다. 즉, 이성적인 판단을 내리기 어려워진 것입니다. 결국, 빚을 내서라도 물건을 사는 게 당연한 일이 되어 버렸습니다.

대형마트나 백화점에는 유리창과 시계가 없습니다. 손님들이 날씨나 시간에 신경 쓰지 않고 쇼핑에만 집중하도록 짜놓은 영업 전략이지요. 요즘에는 시곗바늘과 반대 방향으로 걷도록 설계해 놓은 매장이 늘고 있는데요. 이유는 오른손잡이인 사람들이 상품을 쉽게 집어들 수 있기 때문이에요. 실제로 이런 식으로 설계한 매장에서 매출이 7퍼센트 늘어난다는 연구 결과도 나왔답니다. 지나치게 커다란 쇼핑카트 역시 소비자들의 소비 욕구를 자극합니다. 판매자의 철저한 소비심리 분석으로 인해 소비자는 지갑을 좀 더 쉽게 열게 되었지요. 대형마트나 백화점뿐만이 아닙니다. 각종 방송 역시 사람들의 욕망을 자극하여 소비를 부추기고 있어요.

과소비 사회

잡지나 텔레비전 같은 미디어는 끊임없이 과소비를 부추깁니다. 과소비는 결국 빚으로 이어지지요. 텔레비전 방송을 예로 들어 볼까요? 어떤 시청자가 텔레비전을 켜보니 홈쇼핑에서 근사한 패딩을 12개월 무이자 할부로 팔고 있습니다. 그 시청자는 모아둔 돈이 없고 옷장에 패딩이 걸려 있는데도 진행자의 설명에 점차 빠져듭니다.

"이 패딩 하나만 있으면 눈밭에서 굴러도 춥지 않습니다. 게다가 기존의 패딩과 달리 슬림한 디자인이라 입는 순간 아주 날씬해 보인답니다. 모자에 달린 털을 보세요. 정말 고급스럽지 않나요?"

시청자의 귀가 솔깃해진 순간, 진행자기 강력한 한 방을 날립니다.

"자, 벌써 화이트 색상은 매진되었네요. 이제 몇 벌 남지 않았습니다. 어서 서두르셔야 해요. 앞으로 이런 가격은 다시 만날 수 없답니다."

화면에 매진 임박이라는 글자가 깜박거리자 시청자는 자신도 모르게 화면에 나온 전화번호를 다급히 누릅니다. 페딩값은 나중에 걱정하기로 합니다. 신용카드로 결제하면 카드회사에서 먼저 지불해 주니까요.

인간은 무엇인가를 소비할 때 뇌에서 새로운 반응이 일어납니다. 뇌에서 쾌락과 흥분에 관여하는 부분이 마치 크리스마스트리를 장식하는 꼬마전구처럼 반짝거리지요. 판매자는 소비자의 이런 심리를 최대한 이용하려 듭니다.

사례탐구 2030 유혹하는 홈쇼핑!

내가 좋아하는 아이돌 그룹이 홈쇼핑 방송에 나온다면 어떨까요? 방송하는 상품에 관심이 없더라도 채널을 쉽게 바꾸지 못할 것입니다. 최근 홈쇼핑 방송에는 연예인 바람이 불고 있습니다. 박나래 등 인기 개그맨들이 재치 있게 전기면도기를 소개하는가 하면 아이돌 그룹 아이콘(iKON)이 맛있게 먹는 모습을 보여주며 불고기 세트를 판매했습니다. 방송을 본 소비자들의 반응은 뜨거웠습니다. 면도기의 경우 젊은 층의 주문이 평소보다 두 배나 많았으며 불고기 세트는 40분 만에 매진되었습니다.

쇼핑과 예능을 합친 판매 방식은 홈쇼핑 방송에서 계속 이어질 전망입니다. 홈쇼핑 관계자는 "시청자는 재미가 있어야 채널을 고정한다. 그리고 상품에 대한 설명을 듣다 보면 구매로 이어진다. 특히 젊은 층은 자신이 좋아하는 연예인들이 나오는 순간 상품에 좀 더 매력을 느낀다"라고 말했습니다. 이처럼 홈쇼핑 방송사들은 더 많은 상품을 팔기 위해 치열하게 노력합니다. 매진 임박이라는 글자에 이어 유명 연예인까지 가세했으니 앞으로 홈쇼핑을 통해 과소비를 하는 소비자는 더욱 늘어날 전망입니다.

어떤 홈쇼핑에서는 젊은 층의 관심을 끌기 위해 친근한 이미지의 연예인을 내세우기도 하지요.

신용카드 공화국

신용카드 사용은 빚으로 이어지기 쉽습니다. **여신금융협회**는 2017년 우리나라 국민의 1인당 카드 결제 금액이 1,500만 원을 넘는다고 밝혔어요. 이 금액은 유럽 여러 나라에 비해 세 배가 넘는 금액이지요. 가히 신용카드 공화국이라고 불릴 만합니다. 신용카드 할부결제는 물건값을 몇 개월에 걸쳐 나눠 내는 것이니 빚이나 다를 바 없지요. 물론 신용카드 이용대금을 제때 결제한다면 문제없겠지만 매달 밀려오는 신용카드 이용대금을 척척 처리하기가 만만치 않을 수도 있습니다.

카드회사는 그런 사람에게 카드 리볼빙을 권합니다. 카드 리볼빙은 카드 이용대금 중 10퍼센트만 결제하고 나머지에 대해서는 이자를 내는 것이에요.

▌ 카드 리볼빙은 발톱을
감춘 고리대금이다.

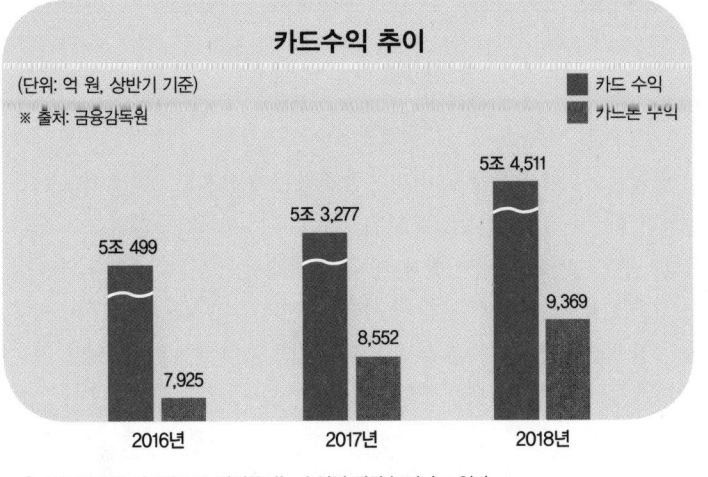

카드수익 추이

(단위: 억 원, 상반기 기준)

※ 출처: 금융감독원

■ 카드 수익
■ 카드론 수익

5조 499
7,925

5조 3,277
8,552

5조 4,511
9,369

2016년   2017년   2018년

▮ 카드회사가 카드론으로 벌어들이는 수익이 점차 늘어나고 있다.

과연 빚으로 넘어간 나머지 이용대금을 금방 갚을 수 있을까요? 소득이 늘지 않으면 빚을 줄이기 어렵습니다. 그러니 카드 리볼빙은 더 큰 빚을 불러올 가능성이 큽니다. 그렇게 되면 목돈을 대출해 주는 **카드론**의 유혹에 빠지기 쉽습니다.

서울연구원에서 진행한 〈가계부채 실태조사 보고서〉에 따르면 응답자의 55퍼센트가 카드론을 가장 손쉬운 대출로 꼽았어요. 카드론 즉 장기카드대출은 쉽고 빠르게 돈을 빌릴 수 있는 반면에 금리가 높답니다. **금융감독원**이 2018년 9월에 발표한 바에 따르면 신한카드와 삼성카드 등 카드사 7곳이 6개월 동안 카드론으로 벌어들인 수익은 지난해보다 1,000억 원이 늘어난 9,000억 원이에요. 카드론이 얼마나 늘었는지 단적으로 보여주는 사례입니다. 신용카드 할부결제가 늘어나면 카드 리볼빙과 카드론의 유혹에 빠질 수밖에 없습니다.

카드 리볼빙

나영 씨는 마트에서 매달 30만 원씩 물건을 구매합니다. 그런데 카드로 결제하면 30만 원을 3개월에 걸쳐 나눠 내도 된다는 이야기를 들었습니다. 다음 달 나영 씨는 10만 원만 결제했습니다. 가계부에 여유가 생기자 나영 씨는 가벼운 마음으로 물건을 좀 더 사들였습니다. 그렇지만 몇 달 지나지 않아 나영 씨가 매달 결제해야 할 돈이 30만 원을 훌쩍 넘어 버렸습니다. 지난 몇 개월 동안 할부로 결제한 카드 이용대금이 밀려들었기 때문입니다.

고민하던 나영 씨에게 카드회사에서 제안했습니다. 이용대금의 10퍼센트만 갚고 나머지는 약간의 이자만 내라는 것입니다. 바로 카드 리볼빙 제도였습니다. 나영 씨는 이자를 내라는 말에 살짝 고민하기는 했지만 다른 방법이 없었습니다. 그로부터 6개월이 지났을 때 카드 명세서를 본 나영 씨는 깜짝 놀랐습니다. 갚아야 할 돈이 몇백만 원으로 늘어났기 때문입니다. 제때 갚지 못한 카드 이용대금, 매달 사용한 물건값, 카드 리볼빙 연체이자가 합쳐졌던 것입니다.

대출 광고

"100만 원 때문에 아쉬운 소리 할 필요 없이!"

"여자를 아끼는 대출!"

저녁 늦은 시간이면 케이블방송에서 저축은행과 대부업체의 광고가 쏟아져 나옵니다. 하루 평균 1,300건에 이르다 보니 케이블방송의 전체 광고 중 10퍼센트나 차지할 정도로 편성비율이 높지요. 이 정도면 시청자는 '돈 빌려 쓰라'는 속삭임에 세뇌당하고 있는 것이나 다름없습니다.

텔레비전 광고는 15초라는 짧은 시간 동안 시청자를 자극해 구매를 유도합니다. 그리고 마술이라도 부린 듯 교묘하게 사람의 마음을 흔들어 놓습니다. 신용카드와 대출 광고 역시 매력적이에요. 신용카드 광고는 혜택이 어마어마해서 카드를 안 쓰면 손해라는 생각이 듭니다. 또한, 대출 광고는 어려운 상황이 닥쳤을 때 대부업체에서 다 해결해 줄 듯싶습니다.

특히 요즘의 대출 광고는 대상을 정확하게 골라서 공략하고 있어요. 여성들에게는 '아무도 모르게', 젊은 직장인에게는 '작은 사치'라며 대출을 부추기지요. 대출을 연체할 경우 치러야 할 대가가 얼마나 가혹한지 잘 모르는 젊은 층은 대출 광고에 마음이 흔들릴 수밖에 없습니다.

▍ 시민단체들은 대부업체의 방송광고를 금지해야 한다고 요구하고 있다. 출처: 연합뉴스

알아 두기

부가가치세와 신용카드

정부는 왜 신용카드 사용을 적극적으로 권할까요? 자영업자의 수입을 정확히 파악하기 위해서입니다. 식당에서 카드로 결제하고 영수증을 살펴보면 부가가치세라는 항목이 보입니다. 카드로 결제한 부가가치세는 바로 세무서로 신고되어 연말에 납부해야 합니다. 그런데 현금으로 밥값을 내는 경우, 식당 주인이 신고하지 않으면 세무서가 부가가치세를 요구할 방법이 없습니다. 즉 카드로 결제해야만 자영업자의 수입과 세금이 투명하게 관리됩니다. 정부로서는 신용카드 사용이 많을수록 세금 확보가 쉬워지는 것입니다.

주택담보대출과 하우스푸어

전 세계 어디서나 큰 도시의 집값은 매우 비쌉니다. 회사에 다니며 일해서 모은 돈만 가지고 집을 마련하는 일은 불가능에 가깝습니다. 그래서 집을 사는 사람들은 대부분 은행에서 집을 담보로 하는 주택담보대출을 받습니다. 그런데 최근 몇 년 사이에 몇억 원씩 대출을 받아 집을 사는 사람들이 많아졌습니다. 집값 상승을 기대하고 대출을 받아 집을 산 것이지요.

서울의 집값은 2017년 9월부터 무려 60주 동안 치솟았습니다. 자고 일어나면 1,000만 원씩 오르는 집값에 다들 깜짝 놀랐습니다. 몇 달 만에 1억 원이 오른 아파트도 종종 생겨났지요. 집이 없는 사람들은 분노했어요. 그리고 최선을 다해 살아온 자신을 바보처럼 여겼습니다. 몇십 년을 꼬박 벌어야 할 돈을 몇 달 만에 벌 수 있다니! 너도나도 주택 사재기 대열에 참여했습니다.

돈이 부족한 사람들은 은행의 대출 창구로 몰렸지요. 2018년 말에 집값 상 승은 멈췄습니다. 은행에서 대출을 받아 집을 산 사람들은 불안해집니다. 집 값이 내려가면 어떡하지?

2008년에도 이처럼 부동산 열풍이 불어서 집값이 치솟았습니다. 그러나 몇 년 뒤 집값은 폭락했어요. LG경제연구소에서는 2013년에 하우스푸어가 30만 명 이상이라고 밝혔습니다. 하우스푸어란 지나치게 큰 금액을 대출받 아 집을 사는 바람에 매달 이자를 내느라 허덕이며 사는 가정을 가리킵니다. 2013년의 부동산 가격은 2008년에 비해 평균 40퍼센트 정도 하락했습니다. 3 억 원짜리 집의 가격이 2억 원 아래로 떨어졌다는 뜻입니다. 은행에서 1억 원 을 대출받아 그 집을 샀던 사람은 하우스푸어가 되었습니다. 집값이 뚝 떨 어져서 차마 팔지도 못하고 60만 원의 이자를 은행에 꼬박꼬박 내야만 했지

집중탐구 **직장인의 월급**

한 취업 정보 사이트에서 직장인 600명을 대상으로 월급에 관한 설문 조사 를 했습니다. 응답자 10명 중 6명이 월급으로 한 달을 버티기가 빠듯하다 고 말했습니다. 월급을 받자마자 금세 돈이 빠져나가 '텅장'이 되기 때문입 니다. 텅장은 '텅 빈 통장'을 가리키는 신조어입니다. 통장이 '텅장'이 되기까 지 걸리는 기간은 고작 16일로 집계되었습니다. 응답자 중 44퍼센트는 월 급이 빠르게 사라지는 원인으로 대출을 꼽았습니다. 직장인에게 통장은 월 급이 모이는 곳이 아니라 스쳐 지나가는 곳이 되고 말았습니다.

요. 큰돈을 벌 기회라고 생각해 큰 금액을 대출받아 집을 샀던 수많은 사람이 집값 폭락과 이자 부담의 고통을 겪어야 했습니다. 그리고 보면 높은 이자를 꼬박꼬박 받아 낸 금융권만 활짝 웃겠군요. 서민들은 집값이 내리든 오르든 이자를 내느라 허리가 휘청거리거든요.

간추려 보기

- 미디어는 끊임없이 과소비를 부추긴다. 과소비는 빚으로 이어진다.
- 신용카드 할부결제를 지나치게 사용하면 카드 리볼빙과 카드론에 빠져 빚
  더미에 앉을 수 있다.
- 대출 광고는 무척 솔깃하지만 빚을 못 갚을 때 치러야 할 대가는 가혹하다.
- 주택가격이 상승할 때면 많은 사람이 수억 원씩 대출을 받아서 주택을 구
  입한다. 그러나 자칫하면 하우스푸어가 되어 엄청나게 많은 이자를 내며
  가난하게 살아야 한다.

5장 약탈적 대출

갚지 못할 돈을 빌리는 건 옳지 않습니다. 그렇다면 수입이 변변치 않은 사람들이 돈을 빌릴 수밖에 없는 세상을 만들어 놓고, 교묘하게 돈을 빌려준 뒤 높은 이자를 요구하는 행동은 옳은 걸까요? 금융권은 대출이자를 받아서 수익을 챙깁니다. 그래서 제1금융권은 서민들에게 엄격한 기준을 적용하면서, 대출해 주지 않습니다. 이들에게 대출이자를 받아 내기 어렵다고 평가하니까요. 제1금융권에서 대출을 거절당한 사람들은 제2, 제3금융권 아니면 불법 사채업자들에게 높은 이자로 돈을 빌려야 합니다. 이들은 돈을 빌려줄 때 친절한 서비스를 제공하고 까다롭지 않은 조건을 제시하면서 대출을 권합니다. 그러나 대출금을 회수할 때가 되면 채무자를 악착같이 괴롭힙니다. 법에서 허락하지 않은 금액의 이자를 요구하거나 불법적인 방식으로 채무자에게 빚을 갚으라고 강요하기도 합니다. 이렇게 서민들을 괴롭히는 약탈적 대출을 막고 서민들을 보호해야 합니다.

한 30대 여성이 자녀 두 명을 아파트 높은 층에서 아래로 던진 뒤 자신도 남은 자녀 한 명을 안고 떨어져 죽었어요. 엄마가 세 명의 자녀와 함께 목숨을 끊은 사건은 2003년 한국 사회를 발칵 뒤집어 놓았지요. 신문에서는 **생**

활고를 원인으로 꼽았지만, 사실 이 여성은 생활고보다 카드빚과 사채로 인한 빚 독촉에 더 시달렸어요. 공사판에서 허리를 다쳐 누워 있는 남편과 돌을 갓 지난 막내 아이를 돌봐야 했던 여성은 신용카드로 생활을 이어 나가야 했고, 연체가 거듭되자 사채까지 썼습니다. 빚이 정신없이 늘어나면서 지독한 빚 독촉이 시작되었어요. 벼랑 끝까지 내몰린 여성은 결국 최악의 선택을 하고 말았습니다.

빚 독촉에 시달린 사람은 대부분 자살이나 **장기매매**를 한 번쯤 생각한다고 합니다. 그들이 겪는 고통은 상상 이상입니다. 채권자는 밤낮을 가리지 않고 전화를 하거나 집과 직장으로 찾아와 괴롭히거든요. 채무자들은 전화벨소리만 들어도 심장이 두근거릴 만큼 지독한 불안증에 시달리지요. 빚을 갚을 수 없는 상태에서 빚 독촉을 당하는 사람들은 범죄를 저지르거나 범죄의 희생양이 되기 마련입니다. 빈곤층인 줄 알면서도 높은 이자율로 돈을 빌려 준 뒤에 악착같이 받아 내는 약탈적 대출은 우리 사회를 고통에 빠트립니다.

생계형 대출

최소한의 인간다운 삶을 위해 돈을 빌리는 것을 생계형 대출이라고 합니다. 해외여행을 가거나 고급 자동차를 타기 위해 진 빚과 다릅니다. 대출을 받아 흥청망청 쓰다가 빚에 허덕이는 사람이라면 대개 자신의 과도한 소비를 후회하겠지요. 시간을 거꾸로 돌린다면 다른 선택을 할지도 모릅니다. 그러나 생계형 대출을 받은 사람은 후회할 수 없답니다. 월세와 수도요금을 내고 식료품을 사느라 대출금을 썼기 때문이죠. 과거로 돌아간다고 해도 그들의 선택은 달라지지 않습니다.

신용카드 대란이 발생한 2003년에 소비자들은 과소비의 사치를 일삼았을까요? 전문가들이 신용카드 사용 내역을 살펴보았더니 물건값보다는 현금서비스나 카드론이 많았습니다. 외환위기로 직장을 잃은 가장들이 생활

집중탐구 고리대금 공화국

1997년 대한민국은 외환위기에 휘청거렸습니다. 외국에 갚아야 할 달러보다 갖고 있던 달러가 적었기 때문입니다. 국제통화기금 IMF는 달러를 빌려주는 조건으로 몇 가지 경제개혁을 요구했는데 그중 하나가 고금리정책이었습니다. 외국 투자자의 달러를 끌어오려면 높은 이자율을 보장해 주어야 한다는 것이 그들이 내세운 이유였습니다. 결국, 법정 최고금리를 24퍼센트로 정한 이자제한법은 폐지되었습니다. 과연 어떤 일이 벌어졌을까요? 신용카드회사는 각종 금리를 연 35퍼센트까지 끌어올렸고 일본계 대부업체들이 한국에 진출했으며 생활정보지는 사채 광고로 뒤덮였습니다. **구조조정**으로 직장을 잃은 사람들은 높은 금리의 대출을 받을 수밖에 없었습니다. 2002년 대부업법이 도입되면서 국회의원들은 연 66퍼센트의 고금리를 확정했습니다. 사채업을 양성화하자는 것이 표면적인 이유였습니다. 국회의원 보고서에는 '이자율이 낮으면 대부업자들이 영업을 중단하거나 불법으로 영업할 수 있으므로 최고이자율을 60퍼센트 이상 보장해 주어야 한다'라는 기록이 남아 있습니다. 세계 어느 나라에서도 유례를 찾아볼 수 없는 지독한 고금리가 법적으로 보장되자 대한민국은 고리대금 공화국이 되었습니다. 역사에서 법정 최고이자율이 가장 높았던 나라는 중국의 당나라였습니다. 심지어 당나라의 최고이자율은 연 60퍼센트로 이 기록은 한 번도 깨진 적이 없었습니다. 그런데 2002년에 한국이 그 기록을 깼습니다.

비와 교육비와 병원비를 감당하느라 대출을 받은 것이지요. 요즘의 한국경제 역시 외환위기 때만큼 악화되고 양극화가 심화되었어요. 그로 인해 카드론이나 마이너스통장 등 신용대출이 급격하게 늘어나는 상황입니다. 전문가들은 저소득층이 제2금융권이나 대부업체의 고금리 대출로 옮겨가는 것이라고 진단했어요. 말하자면 원래 빚을 갚기 위해 이자율이 훨씬 높은 대출을 받는다는 뜻이지요.

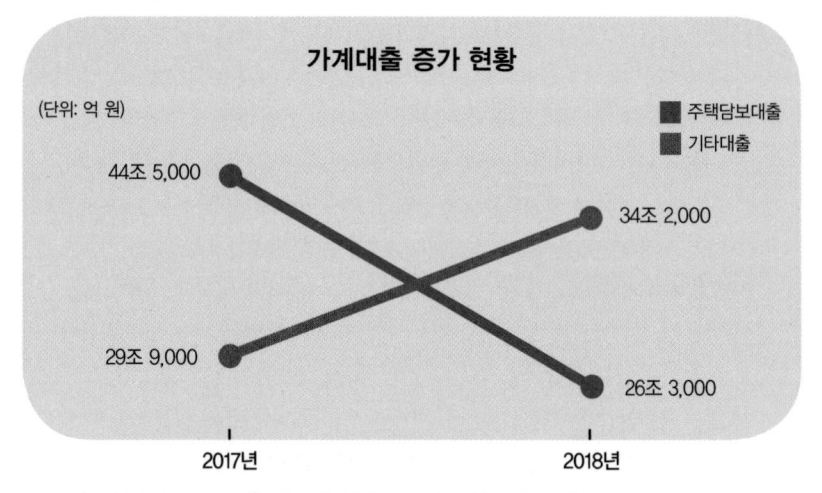

가계대출 증가 현황

(단위: 억 원)

■ 주택담보대출
■ 기타대출

44조 5,000

34조 2,000

29조 9,000

26조 3,000

2017년　　　　　　2018년

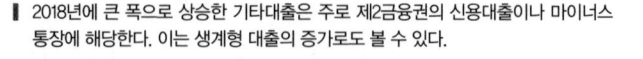

▌ 2018년에 큰 폭으로 상승한 기타대출은 주로 제2금융권의 신용대출이나 마이너스 통장에 해당한다. 이는 생계형 대출의 증가로도 볼 수 있다.

빚더미 등록금

　미국의 학지금대출 규모는 엄청나게 늘어나고 있습니다. 대학교에 진학하는 학생들이 많아지는 데다 등록금 역시 치솟고 있기 때문이에요. 2018년 LA타임스의 보도에 따르면 미국 대학생의 학자금대출은 17년 동안 157퍼센트나 증가하여 무려 1조 5,000억 달러에 이릅니다. 게다가 현재 학자금대출자의 10퍼센트 이상이 연체자로 살아가고 있습니다. 전문가들은 2023년이 되면 학자금대출자의 40퍼센트가 연체자가 될지도 모른다고 경고했습니다.

우리나라 역시 심하면 심했지 덜하지 않습니다. 생계형 대출이나 다름없는 학자금대출로 청년들이 고통받고 있답니다. 한국교육개발원은 2018년 대학진학률이 70퍼센트라고 발표했어요. 이 정도면 우리나라 고졸자 대부분이 대학교 진학을 필수적인 것으로 원하고 있다는 말입니다. 이렇게 국민 대다수가 필수적이라고 생각하는 일이라면 국가가 세금을 활용해서 이 문제를 해결하는 방법도 고민해야 합니다. 그런데 다들 알다시피 대학교 등록금은 입이 쩍 벌어질 만큼 비쌉니다. 사립대학교의 1년 평균 등록금이 약 760만 원이니 졸업할 때까지 무려 3,000만 원 정도가 필요하거든요. 그래서 등록금을 마련하지 못해 전전긍긍하는 대학생이 무척 많답니다.

학자금대출 장기연체자

(단위: 명)

3만 6,104

3만 1,232

2만 6,975

2만 2,071

2014년   2015년   2016년   2017년

※ 일반상환대출 기준   자료: 감사원, 한국장학재단

▎급속하게 늘어나는 한국의 학자금대출 장기연체자.

2013년 이후로 정부는 선심을 쓰듯 학자금대출의 규모를 늘렸습니다. 비싼 등록금 때문에 고민하지 말고 대출을 받은 뒤에, 졸업하거든 갚으라는 뜻이지요. 문제는 졸업해도 직장을 구하지 못해서 대출을 갚을 수 없는 사람이 생길 수밖에 없다는 것입니다. 게다가 자칫 연체라도 하면 무려 9퍼센트의 연체이자까지 내야 합니다. 빚이 줄어들기는커녕 계속 늘어나는 처지가 되는 거죠. 2018년 한국장학재단의 보고에 따르면 학자금대출을 못 갚는 사람이 약 3만 6,000명에 이르며 연체액은 1,500억 원을 훌쩍 넘는다고 해요. **가압류**를 당하거나 법적 소송을 당한 청년도 2,549명이나 됩니다. 심지어 학자금대출을 갚기 위해 위험한 사채에 손을 내미는 경우도 종종 있습니다. 그러다 보니 어려운 형편에 대학교를 다니겠다고 고집한 자신을 탓하는 청년들이 해마다 늘어나고 있습니다. 이런 학자금대출이야말로 꿈과 미래를 앗아가는 사채업자의 약탈적 대출과 다를 바 없습니다.

팔려가는 채무자의 빚

노예들이 이리저리 팔려가듯 채무자의 빚인 **채권**(債權)도 팔려갑니다. 일반 은행은 악덕 사채업자와 달리 빚 독촉이 심하지 않습니다. 그 대신 대출금과 이자를 3개월 이상 연체하면 채권을 다른 곳에 팔아넘깁니다. 연체된 채권을 지나치게 많이 갖고 있으면 금융감독원으로부터 지적받기 때문이지요. 따라서 부실채권은 몇몇 대부업체를 거친 뒤 사채업자의 손으로 넘어가기 마련입니다. 그러다 보니 은행에서 대출을 받았는데 대부업자나 사채업자가 빚을 받으러 올 때도 있답니다.

그런데 부실채권이 헐값에 팔린다는 사실을 알고 있나요? 예를 들어 누군가 은행에서 대출한 100만 원을 갚지 못하면 이 채권은 딘돈 5만 원에 대부업체에 넘어갑니다. 은행에서 대출금의 5퍼센트만 받고 채권을 넘기기 때문이지요. 대부업체는 헐값에 사들인 부실채권을 들고 채무자에게 가서 원금은 물론이고 연체이자와 법정 비용까지 요구합니다. 어떤 채무자는 100만 원을 대출했는데도 협박과 폭행에 시달리다 못해 1,000만 원 가까운 금액을 갚았다고 합니다. 국민행복기금의 자료에 따르면 부실채권으로 시달리는 채무자가 100만 명을 훌쩍 넘는다는군요. 심지어 10여 년 전에 발생한 채권도 이리저리 팔려 다닌답니다.

채권추심

채권자가 채무자를 못살게 구는 이유는 채권추심을 법으로 보장하기 때문입니다. 채권추심은 채권자가 채무자에게서 빚을 받아내기 위해 독촉하는 행위입니다.

"왜 돈 안 갚아. 너희 집 쫓아가면 너희 식구 죽고 너 죽고 나 죽는 거야."

어느 사채업자가 어떤 여성을 협박한 내용입니다. 이 여성은 1년 동안 이런 협박에 시달렸어요. 어떤 날은 새벽부터 하루 종일 300통 넘게 이런 독촉 전화를 받았는데요. 조직폭력배까지 포함한 사채업자들은 집과 가게로 찾아와 돈을 갚으라며 행패를 부렸지요. 경찰 조사 결과 이 여성은 400만 원을 빌렸는데 이자만 1억 원으로 늘어났어요. 이 여성은 아무리 갚아도 줄어들지 않는 빚과 심해지는 협박에 자살을 시도하기도 했습니다.

연구기관에 따르면 매년 60만 명 정도가 사채업자에게 6조 원가량을 빌린다고 합니다. 생활비나 병원비 등이 필요해 어쩔 수 없이 사채업자로부터 돈을 빌리지만, 빚 갚기는 생각처럼 쉽지 않을 수 있습니다. 어떤 사채업자들은 채무자가 빚을 연체하게끔 일부러 빚을 갚으러 온 채무자를 피해 다니면서 빚을 못 갚게 하기도 합니다. 어쨌든 수많은 사람이 욕설, 협박, 폭행 등 인간 이하의 대우를 받으며 채권추심에 시달리고 있습니다.

사례탐구 청소년의 채권추심

2018년 10월에 광주 경찰서는 빌려준 돈을 받아내기 위해 후배들을 폭행한 혐의로 6명을 입건했습니다. 이들은 고등학교 후배 12명에게 1인당 20만 원을 빌려주고 하루에 이자만 5만 원씩 받았습니다. 이자를 제대로 갚지 않으면 욕설과 폭행을 일삼았습니다. 피해자 중에는 뼈가 부러져서 병원에 입원한 사람도 있었습니다.

투자자의 책임

　예금자들이 저축은행에 맡긴 돈을 한 푼도 돌려받지 못하는 사건이 벌어졌어요. 저축은행의 후순위채권 사태였지요. 후순위채권은 일종의 투자이므로 예금과 달리 원금을 보장받지 못합니다. **채권**(債券)을 발행한 곳이 망하면 투자금액을 돌려받지 못할 수도 있어요. 대신 투자 기간 동안 아주 높은 이자를 보장합니다. 말하자면 고수익 고위험 상품이지요.

　한동안 후순위채권을 발행하던 저축은행들이 2011년에 문을 닫기 시작했어요. 저축은행들은 갖고 있는 돈으로 예금과 직원들의 월급을 먼저 지급했어요. 그러다 돈이 바닥나자 후순위채권을 갚을 수가 없었지요. 예금인 줄알고 후순위채권에 가입했던 순진한 사람들은 모두 피해자가 되고 말았어요. 이들이 후순위채권을 예금으로 착각한 데는 저축은행에서 이들에게 상

▍저축은행 영업정지 사건의 피해자들이 투자금을 돌려달라고 시위하고 있다. 출처: 연합뉴스

집중탐구 저축은행의 후순위채권

저축은행은 대주주들이 자본금을 성실하게 관리하지 못하는 바람에 경영 상황이 악화되었습니다. 금융위원회는 저축은행에 후순위채권의 발행을 허락해 주었습니다. 후순위채권은 5,000만 원까지 보장해 주는 예금과 달리 한 푼도 보장해 주지 않습니다. 예금보다 금리가 높지만, 저축은행이 망하면 돈을 날리게 되는 고수익 고위험 상품인 겁니다. 자본이 부족했던 저축은행은 후순위채권을 발행하여 돈을 끌어들였습니다. 그렇게 저축은행이 2008년부터 2011년까지 발행한 후순위채권은 모두 1조 원이 넘었습니다. 일반 소비자는 저축은행이 규모만 작을 뿐 일종의 은행이라고 착각하고 평생 모은 돈을 맡겼습니다. 후순위채권을 예금이라고 착각하면서 말입니다. 결국, 2011년에 17곳의 저축은행이 경영 악화로 영업정지를 당하면서 3만여 명의 피해자와 8,600억 원 정도의 피해액이 발생하였습니다.

품의 정보나 투자에 따르는 위험성 등을 제대로 알려주지 않고 판매한 잘못도 있었습니다. 그러나 금융권은 당당했습니다. 위험한 곳에 투자했으니 원금을 돌려받지 못해도 어쩔 수 없다는 것이지요. 당시 금융권에서 피해자에게 했던 말은 투자자의 책임이라는 것이었습니다.

그렇다면 금융권이 투자자로서 져야 할 책임은 없는 걸까요? 제1금융권을 제외한 나머지 금융권은 저소득층이 빚을 갚기 어렵다는 사실을 알면서도 대출을 해줍니다. 대신 높은 이자를 요구하지요. 고수익 고위험 상품이니까요. 그러나 금융권은 대출받은 사람이 빚을 갚지 못할 때 채무자의 의무만 강조합니다. 빚을 졌으니 꼭 갚아야 한다는 것이지요. 이제는 우리가 나서서 금융권에 투자자의 책임을 요구해야겠습니다.

빈곤을 착취하다

금융권은 빈곤을 착취해서는 안 됩니다. 신용이 낮다는 이유로 지나치게 많은 이자를 요구하는 것은 약탈입니다. 돈을 못 갚는다는 이유로 유흥업소에 팔아넘기거나 장기를 매매하는 짓은 범죄이고요. 생활고에 시달리다 최소한의 인간다운 삶을 위해 금융권의 문을 두드리는 사람들의 절박한 상황을 이용하는 약탈적 대출은 사라져야 할 것입니다.

간추려 보기

- 빚을 갚을 능력이 없는 사람에게 대출해 준 뒤 독촉하는 행위는 약탈적 대출이다.
- 학자금대출 때문에 많은 청년이 학교를 졸업하자마자 빚더미에 앉는다.
- 은행에서는 이자와 원금을 갚지 못하는 연체자들의 부실채권을 대부업체에 헐값에 팔아넘긴다.
- 금융권은 저축은행의 후순위채권 가입자에게 투자자의 책임을 물으며 투자금액을 돌려주지 않았다. 투자자에게 정보와 위험을 제대로 알려주지 않은 금융권은 잘못이 없다고 할 수 있을까?

6장 대출에 대한 상반된 견해

세계적으로

수많은 사람이 대출의 덫에 걸려 신음하고 있습니다. 때로는 대출의 덫을 벗어나기 위해 죽음을 선택하는 경우도 있습니다. 그런데도 대출로 인해 생기는 문제들을 개인의 탓으로 돌려야 할까요? 정부가 빚을 대신 갚아 주는 것은 잘못인가요? 대출이자만 낮추면 문제가 해결될까요?

정치적으로나 사회적으로 중요한 일이지만 다루기 어렵고 곤란한 문제를 가리켜 뜨거운 감자라고 합니다. 뜨거운 감자라는 말은 미국에서 유래되었어요. 미국인들은 오븐에서 갓 구워낸 감자를 무척 좋아합니다. 오븐에서 꺼낸 감자는 얼핏 식은 것처럼 보이지만 속은 무척 뜨거워서 크게 한 입 베어 먹었다가는 곤혹스러울 수도 있습니다. 삼키자니 입천장이 벗겨질 테고, 뱉자니 옆 사람에게 실례가 되니까요.

대출 역시 뜨거운 감자가 되었어요. 정부에서 대출을 규제하려고 하자 은행이나 대부업체의 반발이 거셌거든요. 그렇다고 대출을 규제하지 않으면 피해자가 자꾸 늘어나겠지요. 국민들이 대출을 보는 관점 역시 서로 다릅니다. 빚을 갚지 못해 고통받는 연체자를 도와주자는 주장이 있는가 하면, 남의 빚을 갚아 주는 데 세금을 쓰기 싫다는 의견도 있습니다. 오늘날 점점 뜨거워지는 대출. 시장에 맡겨야 할까요? 정부가 개입해야 할까요?

약탈적 대출은 사회의 책임이다

개인이 감당 못할 빚을 지게 된 배경에는 사회의 책임도 있습니다. 우리나라는 사회보장 수준이 주요 선진국에 비해 낮습니다. 저소득층은 최소한의 생계와 복지를 제대로 제공받지 못합니다. 심지어 안전망인 줄 알고 발을 디뎠다가 덫에 빠지는 사람도 있어요.

예를 들어 무심코 받았던 학자금대출이 청년들의 발목을 붙잡고 있답니다. 대학을 졸업하자마자 학자금 빚더미에 올라앉은 청년들에게는 정부가 잔인하게 느껴질 수밖에 없어요. 친절하게 학자금대출을 권하던 정부가 한순간에 악독한 사채업자처럼 빚 독촉을 하기 때문이죠. 청년들에게 이런 암울한 상황을 강요해서는 안 됩니다.

그런데 우리나라의 등록금은 왜 항상 문제일까요? 대다수 OECD 국가는 무상으로 교육하는 국공립대학교의 비율이 높습니다. 반면에 우리나라는 대학의 80퍼센트가 사립학교입니다. 사립학교 재단들이 정부 지원을 거의 받지 못한 채 학생들이 내는 등록금으로 운영비를 거의 다 충당한다는 뜻이에요. 정부가 책임져야 할 교육복지를 개인에게 떠넘긴 셈이지요. 그러다 보니 OECD 국가들이 대학생 1명에게 지원하는 금액이 평균적으로 국민 **1인당 GDP**의 약 40퍼센트 수준인데, 우리나라는 고작 29퍼센트에 불과합니다. 그마저도 매년 떨어지는 추세입니다. 이는 OECD 전체 가입국 중에서도 최하위권에 속하는 수치인데요. 더 정확히 말하자면, 국가적 재정위기를 겪은 그리스와 아일랜드를 제외하고는 꼴찌입니다. 심지어 우리나라처럼 사립 대학 비중이 높은 미국도 국가가 지원하는 금액이 53퍼센트나 됩니다.

특히 저소득층은 대학등록금을 감당하기 더욱 어렵습니다. 소득에 따라 납부하는 세금이나 건강보험료와 달리 등록금 액수는 누구에게나 같으니까요. 중산층이나 고소득층보다 저소득층이 느끼는 부담이 클 수밖에 없겠지요. 가난이 대물림되는 상황입니다.

또한, 주거비 부담 역시 서민들의 어깨를 짓누르고 있습니다. 우리나라의 장기임대주택 비율은 OECD 국가들의 평균에도 미치지 못합니다. 우리나라에서 서민들이 전세 자금이나 월세 자금을 마련하려면 대출을 받아야 합니다. 저소득층은 전세 자금을 대출받아 이자까지 내야 하니 생활비 지출이 늘

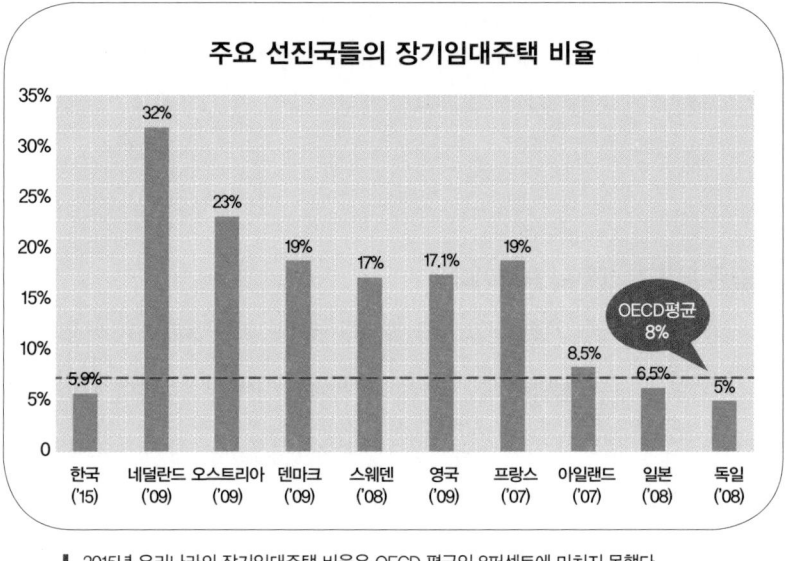

▍ 2015년 우리나라의 장기임대주택 비율은 OECD 평균인 8퍼센트에 미치지 못했다.

어날 수밖에 없지요. 반면에 임대주택 비율이 높은 네덜란드나 프랑스의 저소득층은 주거비 때문에 불안해하지 않습니다. 정부가 저소득층의 생계를 적극적으로 책임지고 있으니까요.

오늘날 우리나라 저소득층에게는 대부업체나 사채업자가 아니라 교육, 주거, 의료의 복지체계가 필요합니다. 하지만 정부는 반대로 빚을 갚을 능력이 없는 사람들에게 대출을 권합니다. 사회문제를 학자금대출이나 전세금대출 같은 다양한 대출상품으로 해결하려는 정부는 또 하나의 대부업체나 다름없습니다.

생각해 보기

과도한 대출로 고통받는 사람이 늘어나고 있습니다. 생계형 대출이든 투자용 대출이든 각자 선택한 일이니 개인이 감당해야 할까요? 아니면 안전장치가 부족해 발생한 일이니 사회가 책임져야 할까요?

빚은 무조건 개인의 책임이다

돈은 당연히 빌린 사람이 갚아야 합니다. 내가 남의 빚까지 갚아줄 수는 없으니까요. 최근에 **청와대 국민청원** 게시판에는 연예인들의 빚에 관한 글이 올라왔습니다. 정확히 말하자면 연예인 가족의 빚이라고 해야겠죠. 유명 연예인의 부모나 형제가 예전의 빚을 갚지 않고 있으니 조사해 달라는 내용입니다. 그런 사실을 알게 된 시민들은 분노했습니다. 남의 돈을 떼먹고 본인은 행복하게 살실있다니! 몇몇 연예인은 사람들의 비난을 못 이겨 출연하던 프로그램에서 하차했어요.

이처럼 우리나라 국민들은 돈을 갖지 않은 사람들에게 엄격합니다. 어쩌면 내 빚 때문에 타인의 빚에 인색한 것인지도 모릅니다. 생각해 보세요. 오늘날 우리나라 국민 열 명 중 네 명은 각각 8,000만 원의 빚을 지고 있습니다. 월급이나 수입의 30퍼센트 이상을 이자로 지출하며 살아가고 있지요. 그러니 누군가 빚을 갚지 않고도 잘사는 모습을 보면 힘겹게 빚을 갚는 자신이 바보처럼 느껴질 수밖에요.

그런 사람의 입장에서 생각해 보면 빚을 진 사람은 스스로 책임져야 합니다. 대출받은 돈으로 주택을 샀다가 주택 가격이 내려가, 손해를 본 사람에게도 동정의 손길을 내밀 필요가 없지요. 하우스푸어가 되어 가난하게 살든 대출금을 갚느라 길바닥에 나앉든 사회는 아무 책임이 없답니다. 은행에서 몇억 원씩 빌려 주택을 구입한 것은 본인의 선택이니까요. 주택 가격 폭락으로 입은 손해까지 사회가 책임져야 한다면, 주택 가격 상승으로 얻은 이득 역시 사회가 거둬들여야 맞겠죠.

법정 최고금리를 낮춰야 한다

저소득층을 위해 법정 최고금리를 낮춰야 합니다. 저소득층이 주로 이용하는 대부업체는 법정 최고금리를 적용하기 때문이지요. 따라서 법정 최고금리가 낮을수록 저소득층의 이자 부담은 줄어듭니다. 1997년에 이자제한법이 사라지면서 무시무시할 정도로 높은 금리의 대출이 등장했어요. 100만 원을 1년 동안 빌려주고 이자로 1,000만 원을 받아도 법적으로 아무 문제가 없었지요. 그로 인해 많은 사람이 고통을 겪었고, 여러 가정이 파괴되었어요. 2001년에 법정 최고금리를 66퍼센트로 정한 이후에 몇 차례의 법 개정을 거쳐 법정 최고금리는 24퍼센트가 되었습니다.

대출이자 24퍼센트는 66퍼센트에 비해 무척 낮은 수준입니다. 그러나 가만히 따져보면 24퍼센트의 이자율도 만만치 않습니다. 1,000만 원을 24퍼센트의 이자율로 4년 동안 대출받는다면 이자는 얼마일까요? 놀라지 마세요. 무려 960만 원입니다. 이자율이 24퍼센트라는 말은 4년 동안 돈을 빌릴 경우 원금과 비슷한 액수를 이자로 내야 한다는 뜻이에요. 우리나라 정부는 대부업의 법정금리를 20퍼센트까지 낮출 계획입니다. 미국과 일본을 비롯한 선진국의 법정 최고금리는 20퍼센트대로 우리나라보다 낮습니다. 일본은 2010년부터 법정 최고금리를 20퍼센트로 유지하고 있으며, 미국 캘리포니아주는 법정 최고금리를 1년에 10퍼센트로 정했습니다.

▌ 법정 최고금리인 24퍼센트 이상을 이자로 내면 돌려받을 수 있다.

법정 최고금리를 낮추면 안 된다

법정 최고금리를 낮추면 대부업체는 신용이 낮은 저소득층에게 대출해 주는 것을 꺼릴 수밖에 없습니다. 이자가 줄어드는 상황에서 원금까지 떼이면 곤란하므로 대출 심사를 까다롭게 진행하기 때문이지요.

실제로 2018년에 법정 최고금리를 36퍼센트에서 24퍼센트로 낮추자 대부업체에서 대출받기가 어려워졌어요. 조사 결과에 따르면 대부업체로부터 대출을 희망하는 소비자 100명 중 실제로 대출을 받은 소비자는 13명에 불과했답니다. 나머지 87명이 찾아갈 곳은 불법 사채업자이겠지요.

집중탐구 **풍선효과**

한쪽의 문제를 해결하면 다른 쪽에서 새로운 문제가 발생하는 현상입니다. 풍선을 누르는 순간 다른 곳이 볼록 솟아오르는 모습과 비슷하므로 풍선효과라고 부릅니다. 대표적인 사례로는 18세기 프랑스에서 발생한 우유 사태를 꼽을 수 있습니다. 정치가 로베스피에르는 우윳값이 비싸서 가난한 아이들이 충분한 우유를 먹지 못하자 우유 최고가격제를 시행했습니다. 우유 가격을 절반으로 내린 뒤 그 가격을 지키도록 규제한 것입니다.
우유 가격이 내려가자 우유를 사려는 사람들은 급격히 늘어났습니다. 반면에 우유를 팔려는 사람들은 줄어들었습니다. 아무리 많이 팔아도 돈을 벌기 어려웠기 때문입니다. 사람들은 우유를 구하기가 힘들어졌습니다. 우유를 팔려는 사람보다 사려는 사람들이 훨씬 많아졌으므로 암시장에서 원래 가격의 몇 배나 되는 돈을 주고 우유를 살 수밖에 없었습니다. 로베스피에르의 우유 최고가격제로 인해 엉뚱하게도 우유 암시장이 생겨난 것입니다.

2006년 법정 최고금리가 66퍼센트일 때 대부업체는 약 1만 8,000곳이었습니다. 그 이후에 법정 최고금리가 낮아지자 문을 닫는 대부업체가 늘어났지요. 2018년 법정 최고금리가 24퍼센트로 떨어진 뒤에 대부업체의 수는 8,000곳에 불과했어요. 대부업체들이 이자를 맘껏 받기 위해 사채시장으로 들어간 것이지요. 대부업계에서 풍선효과가 나타난 셈입니다.

찬성과 반대 최고이자율 인하의 필요성

찬성

이자를 낮춰야 한다. 적절한 범위를 벗어나 지나치게 높은 이자를 받는 것은 국가경제에도 도움이 되지 않으며 사회적 약자에게는 약탈이나 다름없다. 그런데 정부가 법정 최고금리를 낮추려고 할 때마다 서민이 피해를 볼 수 있다는 황당한 주장이 나온다. 상식적으로 말이 안 되는 이야기다. 수입이 없는 사람들이 이자율 높은 대출을 어떻게 감당할 수 있겠는가? 높은 이자를 허용하는 것은 자금이 원활하게 돌아가게 하는 것이 아니라 작은 빚을 눈덩이처럼 키우는 사회악일 뿐이다.

– 제윤경 한국의 사회운동가이자 경제평론가

반대

이자를 낮추면 안 된다. 일본의 경우 법정 최고금리를 20퍼센트로 제한하자 경제성장률에 악영향을 미쳤다. 자본이 충분하지 못한 자영업자의 폐업이 늘어났고 자살자가 증가했다. 돈을 빌리지 못해서 고통스러워하는 경제적 취약계층이 새로운 사회문제로 대두되었다. 법정 최고금리를 줄이는 것보다는 상환조건을 완화하는 편이 낫다.

– 도우모토 히로시 도쿄정보대학 교수

요즘 들어 20대의 사채시장 이용이 늘었다고 합니다. 제3금융권인 대부업체가 예전과 달리 취업준비생에게 대출해 주지 않기 때문이죠. 법정 최고 금리가 24퍼센트로 떨어진 뒤에 대부업체의 대출 심사는 깐깐해졌습니다. 취업시장이 얼어붙어 버젓한 직장을 구하기 어려운 청년들은 한숨만 나옵니다. 정부는 앞으로 법정 최고금리를 20퍼센트까지 낮춘다고 합니다. 그러면 대부업체의 대출 심사는 더욱 엄격해질 테니 저소득층의 발길은 사채업자에게로 향할 수밖에 없겠지요. 취업준비생이나 저소득층이 사채업자를 찾아가지 않고도 대출받을 방안이 마련되지 않는 한 이자율을 내리는 것은 바람직하지 않습니다.

빚을 탕감해줘야 한다

빚더미에 눌려 신음하는 사람들의 빚을 **탕감**해 주는 일은 꼭 필요합니다. 한 번 실패했다고 계속 실패한 채로 살아가서는 안 되니까요. 누구에게나 패자부활전의 기회가 주어져야 합니다. 빚 독촉을 받는 사람들은 대개 더 높은 금리의 대출을 받아서 기존의 빚을 갚습니다. 대출금이 커지고 이자가 높아지는 빚의 악성화 단계로 접어드는 것이지요. 그런 채무자에게 계속 빚을 갚으라고 요구하는 것은 마른 수건을 비틀어 물 한 방울 짜내는 짓과 다를 바 없습니다. 빚 독촉에 시달린 채무자들은 결국 자포자기하고 맙니다. 범죄자나 노숙자로 전락하기가 십상이지요. 따라서 파산 상태의 채무자가 경제적으로 일어서게끔 돕는 것은 매우 중요합니다. 범죄자나 노숙자 증가로 인한 사회 혼란을 막아주며 빈곤층에게 들어가는 사회적 비용을 줄여 주거든요.

최근에 정부는 123만 명의 부실채권 22조 원을 없애 주겠다고 발표했습니다. 1,000만 원 이하의 빚을 10년 넘게 연체한 사람들을 위한 빚 탕감 정책이었어요. 황모 씨는 2007년 세계금융위기 당시 빌린 800만 원으로 인해 통장을 발급받거나 버젓한 직장을 구하기가 어려웠어요. 그런데 정부의 도움으로 빚을 탕감받게 되자 직장 구하기도 쉬워졌고 경제활동도 가능해졌습니다. 빚을 갚지 못하는 사람이라는 꼬리표를 뗀 것이지요.

▌ 정부는 2017년에 장기연체자 123만 명의 채권을 없애 주겠다고 발표했다.

빚을 탕감해 주면 안 된다

대출을 갚을 책임은 빌린 사람에게 있습니다. 갚지도 못할 돈을 무책임하게 빌려서 쓴 뒤에 도와 달라고 손을 내미는 행위는 **도덕적 해이**에 해당합니다. 한마디로 양심이 없는 짓이지요. 신용카드로 이것저것 살 때는 이런 결과를 예측하지 못했다고요? 그렇다면 방법은 있습니다. 마음을 굳게 먹고 신용카드를 없애면 됩니다. 딱 5년만 뉴 감고 소비를 줄이면 많은 빚을 갚을 수 있습니다. 그런데 나라에서 10년 이상 된 빚을 대신 갚아 준다는군요. 장기연체자들은 최소한의 노력이라도 해봤을까요? 그런 사람들의 빚을 척척 갚아 주면 앞으로 누가 성실하게 빚을 갚을까요? 그저 버티기만 하면 나라에서 빚을 갚아 주는데요.

　게다가 정부에서는 10년 넘은 장기연체자의 빚뿐만 아니라 형편이 어려워진 채무자의 대출금도 절반 가까이 줄여 주겠다고 발표했어요. 빈곤층의 빚을 하루빨리 조정해 줘야 한다는 것이 정부의 설명입니다. 그런데 은행 관계자들의 생각은 달랐어요. 한두 달 연체한다고 빚을 깎아 주면 누가 꼬박꼬박 대출을 갚겠느냐고 반발했거든요. 일반 시민들의 불만도 컸습니다. 열심히 일해서 낸 세금으로 다른 사람의 빚을 갚아 주다니요. 자칫하면 빚을 일부러 갚지 않는 사람들이 늘어날 수도 있습니다. 또한, 정부가 은행에 자꾸 빚 탕감을 요구할 경우 은행이 어떤 태도를 취할지는 뻔합니다. 조금이라도 빚을 갚기 어렵다고 판단되는 사람에게는 돈을 빌려주지 않겠지요. 결국, 저소득층은 높은 이자를 요구하는 대부업체나 사채시장으로 몰리게 됩니다.

찬성과 반대 빚 탕감의 정당성

찬성

빚을 탕감해 줘야 한다. 연체자들은 비인간적인 빚 독촉에 시달리다 보면 삶의 희망을 잃어버리기 일쑤다. 우리는 시민의 후원금으로 부실채권을 사서 적극적으로 빚을 탕감하여 채무자를 구제한다. 빚은 갚아야 하는 것이지만 존엄한 삶 모두를 포기해 가며 노예와 같은 처지에 내몰릴 때까지 갚으라고 강요해서는 안 된다. 돈보다 사람이 중요하기 때문이다.

– 유종일 주빌리은행 은행장

반대

빚을 탕감해 주면 안 된다. 장기연체자의 빚 탕감은 우리 사회의 신용 질서를 뿌리째 흔들 수 있다. 양심적으로 성실히 빚을 갚은 사람은 손해를 보고, 갚지 않은 사람은 이익을 본다는 인식을 심어줄 소지가 크다. 대규모 빚 탕감이 이뤄지면 앞으로 취약계층이 금융기관에서 대출을 받기가 더욱 힘들어질 수 있다. 따라서 어떤 상황에서든 장기연체자의 빚을 탕감해 주는 정책은 함부로 꺼낼 카드가 아니다.

– 김익석 한국금융신문 금융부장

7장 지혜로운 소비자와 따뜻한 금융

오늘날 우리나라에서 빚을 제대로 갚지 못하고 있는 사람의 수는 350만 명에 이릅니다. 웃으면서 돈을 빌려주던 금융권은 막상 이자와 원금을 거둬들일 때가 되면 한없이 냉정하게 변하지요. 지금이라도 소비자는 올바른 금융 지식을 갖춰야 하고 금융권은 서민을 따뜻하게 대해야 합니다.

몇십 년 전만 해도 우리는 빚에서 자유로운 사람들이었습니다. 가정마다 가계부를 작성하고 합리적으로 미래를 계획했지요. 혹시 모를 일에 대비해 목돈도 마련해 두었습니다. 할부나 대출은 생각하지도 않았어요. 대부분의 시민은 은행을 저축하는 곳으로만 알았어요. 외환위기 이후 금융권은 부실한 기업 대신 탄탄한 가정의 경제로 눈을 돌렸습니다. 개인에게 대출해 주었더니 돈을 떼일 염려도 적었고 이자도 더 많이 받을 수 있었거든요. 그 이후 다양한 형태의 대출이 곳곳에서 진행되었습니다. 신용카드 할부결제, 현금서비스, 카드론, 카드 리볼빙, 주택자금대출, 전세자금대출, 학자금대출. 심지어 휴대전화 요금까지 36개월로 나눠서 내지요. 그렇게 사람들은 금융권과 대출의 노예가 되어 버렸습니다. 어떻게 하면 대출에서 자유로워질 수 있을까요? 아니 처음부터 대출의 노예가 되지 않을 방법은 없을까요?

대출의 덫

대출의 덫은 우리의 생각보다 훨씬 교묘합니다. 대출자들이 신체포기각서를 쓰는 단계에 이르기까지는 그리 오래 걸리지 않습니다. 대출의 첫 단계는 대개 카드론입니다. 신용카드로 대출받을 수 있는 카드론은 쉽고 간단합니다. 누구에게 아쉬운 부탁을 할 필요도 없지요. 몇 달 뒤 대출금을 갚을 날짜가 돌아오면, 새로 발급받은 신용카드로 카드론을 대출받아 돌려 막습니다. 그렇게 카드론 대출을 받다 보면 어느새 신용등급이 하락하고 이자가 늘어납니다. 7퍼센트로 시작한 이자율은 금세 24퍼센트까지 올라갑니다.

카드론 대출을 감당하기 어려워지면 대부업체를 찾아갑니다. 1년에 한 번 만기가 돌아오는 목돈을 빌리면서 이번에는 악착같이 돈을 모아 대출금을 스스로 해결하겠다고 다짐해 봅니다. 그러나 소비를 줄이는 건 생각처럼 쉽지 않고 빚은 늘어만 갑니다. 마침내 사채업자를 찾아갑니다. 바닥까지 내려간 셈입니다. 몇 달 뒤 사채업자들은 직장이나 가정을 가리지 않고 하루에도 수십 차례 전화를 걸어 모욕적인 말과 끔찍한 협박을 늘어놓습니다.

전문가 의견

작은 지출을 삼가라. 작은 구멍이 거대한 배를 침몰시킨다.

— 벤저민 프랭클린 미국의 정치사상가

슬기로운 소비생활

대출의 덫에서 벗어나려면 자신의 소비생활을 먼저 섬섬해 봐야겠죠. 오늘날 대부분의 사람이 대출을 대수롭지 않게 생각합니다. 사회도 대출을 권장합니다. 그런데 감당하기 어려울 만큼 많은 빚은 경제적인 고통을 안겨 주는 것으로 끝나지 않습니다. 채권자들에게 인간의 기본적인 권리마저 짓밟힌 채 미래와 인생을 포기하는 사람도 많답니다. 인간이 돈보다 못한 존재가 되는 것이지요.

인간은 돈의 주인이 되어야 합니다. 수입을 늘리는 것은 내 뜻대로 되지 않습니다. 그러나 지출을 줄이는 것은 마음만 먹으면 얼마든지 가능합니다. 수입과 지출을 기록하고 정리하며 영수증을 보관하는 것부터 시작하면 돼요. 단기대출카드인 신용카드를 지갑에서 빼는 것도 좋은 방법이지요. 그리고 돈이 모이면 빚부터 갚도록 합니다. 가벼운 짐도 오래 지면 무거워지는 법이니까요. 빚을 갚기 위해 새로운 빚을 내는 것만큼 어리석은 짓은 없습니다.

신용을 관리하는 능력

신용카드, 신용등급, 신용대출 등 금융 용어에는 신용이라는 낱말이 자주 등장합니다. 신용은 경제생활에서 그만큼 중요해졌어요. 우리가 신용을 잘 관리하고 사용할 줄 알아야 하는 시대에 살고 있다는 뜻이지요. 신용등급이 높으면 적은 이자로 장기간의 대출을 받을 수 있지만, 신용등급이 낮다면 이자를 많이 내고도 단기간의 대출만 가능합니다. 그러니까 신용은 평소에 관리해야 합니다. 신용등급은 1등급부터 10등급까지 10단계로 나뉘는데, 7등급 이하는 경제활동을 할 때 불이익을 받는답니다.

등급	신용등급별 인원 및 비중	비중	인원수(명)
1		10.5%	439만 2,539
2		14.9%	623만 5,048
3		17.7%	740만 655
4		15.3%	638만 775
5		15.4%	641만 7,402
6		12.3%	514만 6,514
7		6.9%	286만 7,912
8		4.4%	182만 1,679
9		1.6%	68만 4,508
10		1.0%	41만 6,486

▎현재 경제인구의 14퍼센트에 해당하는 7등급 이하의 사람들은 저신용자이므로
제3금융권에서도 대출을 받기 어렵다.

알아 두기

신용평가

신용카드 할부결제나 리볼빙, 현금서비스를 자주 사용하면 신용평가에서 불이
익을 받습니다. 특히 현금서비스는 이자율이 높은 단기카드대출이라서 한 번만
사용해도 신용등급이 뚝 떨어진답니다. 신용평가기관에서 볼 때 금리가 높은
현금서비스 이용자는 돈을 관리하는 능력이 떨어진다고 판단하기 때문입니다.
그래서 대출금을 갚더라도 신용등급은 쉽게 회복되지 않습니다.

신용관리 10계명

1. 주거래은행을 만들어 거래실적을 올린다.
2. 불필요한 신용카드는 없애고 한두 장만 사용한다.
3. 신용카드의 현금서비스는 가급적 이용하지 않는다.
4. 수입과 지출을 기록하고 영수증을 보관한다.
5. 자동이체를 이용한다.
6. 통신요금 등 사소한 금액이라도 연체하지 않는다.
7. 지나치게 많은 금액의 보증은 과감히 거절한다.
8. 주소지가 바뀌면 자신의 금융기관에 알린다.
9. 자신의 신용정보를 자주 확인한다.
10. 버는 만큼 지출하고 계획적으로 소비한다.

롤링 주빌리(Rolling Jubilee)

미국의 시민단체인 **OWS**(Occupy Wall Street, 월가를 점령하자)는 장기연체자의 빚을 갚아 주는 롤링 주빌리 운동을 시작했습니다. 원래 주빌리는 25년이나 50년마다 일정한 기간이 지나면 빚을 탕감해 주는 기독교 전통입니다. 롤링 주빌리 운동은 주빌리의 의미를 되새기는 뜻에서 2012년에 시민들의 빚 155억 원을 없애 주었고 2014년에는 학자금대출 40억 원을 탕감해 주었습니다.

OWS팀의 홈페이지를 보면 2018년 말까지 탕감해 준 빚이 350억 원에 이른다고 합니다. 그 돈은 어디에서 나왔을까요? 시민들이 그렇게 많은 돈을 모았을까요? 사실 350억 원의 빚을 갚는데 든 비용은 8억 원에 불과했어요.

금융권은 연체된 부실채권을 오래 갖고 있지 않습니다. 대개 빚을 전문적으로 받아 내는 추심회사에 팔아넘기지요. 물론 제값을 받지 못하고 할인된 가격으로 거래합니다. 미국의 경우 부실채권의 금액은 원래 가격의 5퍼센트 미만이에요. OWS팀은 이런 구조를 활용하여 적은 금액으로 채권을 매입한 뒤 빚을 탕감해 준 것입니다.

주빌리은행

한국에도 2015년에 주빌리은행이 설립되어 좀비 채권을 사들이거나 기부받는 방식으로 빚 탕감 운동을 시작했어요. 좀비 채권이란 끝까지 살아서 좀비처럼 사람을 괴롭히는 채권을 가리킵니다. 여러 시민단체와 개인 후원자들이 주빌리은행의 후원금 모금에 동참했습니다. 주빌리은행은 이렇게 모인 후원금으로 부실채권 뭉치를 구입합니다. 현재 부실채권 시장에서는 몇백 명 또는 몇천 명의 채권이 뭉치로 거래되기 때문입니다. 그러니까 주빌리은행은 누구의 빚인지도 모른 채 채권을 사는 셈입니다. 주빌리은행 홈페이지에는 지금까지 5만여 명이 8천억 원가량의 빚을 탕감받았다고 나와 있습니다. 더 놀라운 것은 그렇게 큰 빚을 없애는 데 든 비용이 3억 9,000만 원에 불과하다는 사실입니다.

주빌리은행은 부실채권을 없앨 때마다 채무자들에게 "당신의 채권을 우리가 가지고 있습니다. 그러니 당신은 이 빚을 갚지 않아도 됩니다. 딩신의 빚은 소각되었습니다."라는 내용의 편지를 보냅니다.

이 편지를 받은 채무자 중 한 사람이 주빌리은행에 답장을 보냈어요.

"'당신의 빚이 소각되었습니다'라는 편지를 받고 나서야 20여 년간 저를

꽃이디닌 빚이 사라졌다는 것을 알았습니다. 20대에 생긴 400여만 원의 빚은 갚아도, 갚아도 계속 늘어나 40대에 1,900만 원이 되었습니다. 빚 때문에 제대로 된 직장을 가질 엄두도 내지 못했습니다. 이제는 안정적인 일을 가질 수 있다는 자신감이 생겨났습니다."

주빌리은행은 빚을 오랫동안 못 갚고 허덕이는 채무자들에게 '빚 대신 빛을 드리겠다'고 말합니다.

주빌리은행 주최로 청계천에서 부실채권 100억 원을 소각하는 행사를 벌였다.
출처: 주빌리은행

2018년 가계대출 규모 1,500조 원

1,500조 원. 한국은행에서 발표한 우리나라의 2018년 가계대출 규모입니다. 우리나라 인구수 5,100만 명으로 나눠 보면 갓난아이부터 노인까지 1인당 3,000만 원에 가까운 빚을 지고 사는 셈입니다. 4인 가정이라면 빚이 1억 1,000만 원을 훌쩍 넘습니다. 지난 2014년에 1,000조 원이었던 가계대출이 1,500조 원으로 늘어나기까지 고작 5년이 걸렸습니다. 소득과 대출이 함께 늘었다면 상관없겠지요. 수입이 100만 원 증가한 대신 빚도 100만 원 늘

어났다면 걱정할 필요가 없습니다. 문제는 소득이 제자리인 상태에서 빚만 늘어났다는 것입니다. 지금 우리나라 국민이 지고 있는 대출은 소득보다 두 배나 빠르게 증가하고 있어요.

이런 추세라면 앞에서 잠깐 이야기했던 소설《모모》속의 마을 사람들처럼 모두 불행해질지도 모릅니다. 그런데 소설《모모》에서는 주인공 모모가 회색신사들을 물리친 덕분에 마을 사람들은 행복을 되찾았답니다. 마을 사람들은 여유를 갖고 웃으며 서로의 안부를 묻기 시작했어요. 미래의 소득을 당겨쓰고서 빚에 허덕이는 우리에게도 모모가 필요합니다. 물론 소설 속의 모모가 우리 눈앞에 나타날 리는 없겠지요. 회색신사의 속임수를 알아챈 모모처럼 우리 스스로 금융 지식을 익혀 지혜로워지는 수밖에 없습니다. 미래를 현금으로 바꿔 주겠다는 금융권의 달콤한 속삭임에 넘어가지 않도록 말이지요.

간추려 보기

- 대출의 덫은 교묘하다. 신용카드 결제로 시작한 빚은 금세 대부업체를 거쳐 사채시장으로 넘어간다.
- 대출의 덫에 빠지지 않으려면 슬기로운 소비생활과 신용관리가 필요하다.
- 미국에서는 장기연체자의 빚을 탕감해 주는 롤링 주빌리 운동이 펼쳐졌으며 한국에서도 주빌리은행이 장기연체자의 채권을 사들여 소각하고 있다.
- 1인당 3,000만 원에 가까운 가계대출은 우리 삶을 위태롭게 만들고 있다. 대출이란 미래의 소득을 당겨쓰는 것이라는 사실을 잊지 말아야 한다.

용어 설명

1인당 GDP   1인당 국내총생산. 일정 기간 동안 한 나라 안에서 새롭게 생산된 최종 생산물의 가치의 합을 그 나라의 인구 수로 나눈 것. 2017년 통계청 기준에 따르면 한국은 약 3만 달러에 이른다.

OECD   경제협력개발기구. 초기에 선진국 위주로 회원을 늘렸으나 1989년 이후 선진국이 아닌 나라로 회원국을 확대했다. 한국은 1996년에 29번째 회원국으로 가입했다.

OWS(Occupy Wall Street 월가를 점령하자)   2011년에 금융자본의 탐욕과 사회의 불평등을 비판하는 사람들이 미국의 증권가인 월가에서 시위를 벌였다. 시위대는 1퍼센트의 금융 재벌들이 부의 50퍼센트를 차지하는 현실에 저항한다는 의미로 '우리는 99퍼센트다'라는 구호를 사용했다. 2008년 서브프라임 모기지론 사태로 경제가 위기에 빠져있는데도 금융권의 임원들이 거액의 보너스를 받아 가자 분노한 시민들이 자발적으로 모여 시위를 시작했다.

가압류   채무자가 가지고 있는 재산을 미리 압류하여 확보하는 것. 가전제품이나 가구에 빨간 딱지를 붙이기도 한다.

거래실적   은행과 거래한 정도를 파악하기 위한 자료. 주로 예금통장의 평균 잔액, 월급의 이체 여부, 공과금 자동이체 등을 참고한다.

고리대금업   다른 사람에게 돈을 빌려주고 비싼 이자를 받는 행위.

구조조정   기업의 불합리한 구조를 개편하여 효율성을 높이는 일. 그 과정에서 실업자와 해고자가 많이 발생한다.

금융감독원   은행과 증권사, 보험사 등 금융기관을 감시하고 감독하는 특수기관.

금융권   금융에 관계되는 일을 하는 사람들의 영역 또는 범위.

금리   돈을 빌린 사람이 돈을 쓴 기간의 대가로 지급하는 이자 또는 이자의 비율.

기준금리   한 나라에서 금리 체계의 기준이 되는 중심 금리. 매달 중앙은행의 금융

통화위원회에서 결정하는 것으로, 한 나라의 금리를 대표하고 금융 정세의 변화에 따라 변한다.

담보 채무자가 빚을 못 갚게 되는 상황에 대비하여 채권자에게 제공하는 것.

대부업자 이자와 기한을 정하고 돈을 빌려 주는 일에 종사하는 사람.

도덕적 해이 이해당사자들이 상대를 배려 하지 않고 책임을 다하지 않는 상태.

모기지론 주택을 담보로 대출해 주는 제도. 미국의 경우 은행은 주택담보대출 채 권을 발행하여 투자회사에 판매한다. 투자회사가 대출 원금과 이자에 대한 권리를 갖는 셈이다. 만약 채무자가 원 금과 이자를 갚지 못하면 담보물인 주 택을 마음대로 처분할 수 있다. 대신 1 억 원을 대출받은 집의 가격이 5천만 원으로 떨어지더라도 투자회사가 모든 손해를 떠안게 된다.

물적담보 대출금액의 경제적 가치를 대출 받는 사람이 가진 특정한 물건의 가치 를 통해서 보장하는 담보.

법정 최고금리 법으로 정한 가장 높은 금리 로, 예금이 아닌 대출에만 적용된다. 금

융권의 폭리를 막는 방법이다.

사채업자 개인에게 사사로이 돈을 빌려주 고 이자를 받는 사람.

사회적기업 사회적 목적을 추구하는 동시 에 이익을 추구하는 기업. 취약계층에 게 사회서비스 또는 일자리를 제공하 여 지역주민의 삶의 질을 높이는 등 사 회적 목적을 추구한다.

생활고 경제적인 곤란 때문에 겪는 생활상 의 괴로움.

신용대출 신용을 바탕으로 하는 대출.

신용불량자 금융회사 대출금이나 신용카드 이용대금을 제때 내지 못해 대출이나 카드발급 등을 제제받는 사람들. 2005 년에 신용불량자라는 명칭이 지나치다 는 비판이 일어나서 채무 불이행자라 는 용어로 바뀌었다.

신체포기각서 어떤 의무를 이행하지 못할 경우 본인의 신체 장기를 포기하겠다 는 각서.

여신금융협회 신용카드업이나 할부금융업 을 담당하는 여신전문금융회사를 회원 으로 하는 사단법인.

연이율　돈을 1년 빌렸을 때 원금에 대한 이자 비율.

이자율　원금에 지급되는 기간 당 이자를 비율로 표시한 것.

인적담보　대출금액의 경제적 가치를 대출받는 사람의 재산 외에 제삼자의 재산을 통해서 보장하는 담보.

장기매매　돈이나 재산 등의 이익을 얻기 위해 인체의 장기를 사고파는 행위.

저소득층　낮은 소득과 낮은 소비 수준을 특징으로 하는 계층.

저신용 서민　서민 담보가 없거나 대출금 연체로 인해 신용등급이 7등급 아래로 떨어진 서민. 제도금융을 이용하기 어렵다.

제도금융　공적인 금융기관에 의해 행해지는 금융. 사금융 또는 지하금융과 대비되는 개념이다. 법률에 따라 권리와 의무가 명확히 규정된 곳이다.

채권(債券)　국가, 지방자치단체, 은행, 회사 등이 사업에 필요한 자금을 빌리면서 언제까지 갚겠다는 것을 표시하여 발행하는 증서.

채권(債權)　돈을 빌려준 사람이 돈을 빌린 사람에게 '돈을 지급하라'는 것과 같이 일정한 행위를 요구할 수 있는 권리

채무자　다른 사람에게 빚을 지고 있는 사람.

청와대 국민청원　'국민이 물으면 정부가 답한다'를 모토로 하여 2017년에 만든 게시판. 20만 명 이상의 동의를 받으면 정부나 관계자로부터 답변을 들을 수 있다.

카드론　신용카드회사에서 대출해 주는 상품. 장기카드대출이라서 1년 뒤에 원금을 갚는 경우가 많다. 단기카드대출과 마찬가지로 이자율이 높다.

캐피탈　대출을 전문으로 하는 금융회사의 명칭.

탕감　빚이나 세금처럼 내야 할 것을 덜어주는 것.

함무라비 법전　기원전 1700년 즈음에 바빌론의 함무라비 왕이 만든 성문법.

현금서비스　신용카드회사가 제공하는 소액 신용대출. 단기카드대출이라서 한 달 뒤에 대출받은 금액 전부를 갚아야 한다. 이자율이 아주 높다.

연표

기원전 1700년경

함무라비 법전에는 곡물이나 귀금속을 빌렸을 때 이자율이 어느 정도 인지 자세하게 기록했다.

194년

고구려에서 귀족에게 높은 이자를 내고 곡식을 빌리던 백성을 위해 진 대법을 실시했다. 진대법은 빌린 만큼 갚는 법이었다. 백성은 마음 놓고 봄에 곡식을 빌린 뒤 가을 추수기에 갚았다.

1597년

셰익스피어의 희곡 《베니스의 상인》에 빚을 갚지 못하면 살점을 베어내 겠다고 협박하는 유대인 고리대금업자 샤일록이 등장한다.

1609년

네덜란드에 중앙은행의 효시인 암스테르담 은행이 설립되었다.

1694년

영국의 국왕 윌리엄 3세가 런던의 금세공업자에게 금 120만 파운드를 빌리는 대신 잉글랜드 은행 설립을 허가해 주었다.

1897년

우리나라 최초의 은행인 한성은행에서 당나귀를 담보로 대구 상인에게 대출해 주었다.

1962년

우리나라 최초로 이자제한법이 실시되었다. 법정 최고금리는 40퍼센트 였다.

1998년	외환위기 이후 이자제한이 자금의 흐름을 막는다며 이자제한법을 폐지했다.
1999년	일본계 대부업체인 러시앤캐시가 한국에 진출했다.
2002년	우리나라에서 발급된 신용카드가 1억 장을 넘기면서 신용불량자가 늘어났다.
2007년	이자제한법이 부활하였다. 법정 최고금리는 49퍼센트였다.
2008년	미국에서 발생한 서브프라임 모기지 사태로 미국은 물론 세계경제가 타격을 받았다.
2011년	우리나라의 금융위원회가 자본이 부실한 저축은행 17곳에 영업정지 조치를 내렸다. 당시 저축은행의 후순위채권에 투자한 서민들은 큰 피해를 당했다.
2012년	미국에서 장기연체자의 채권을 소각해 주는 롤링 주빌리 운동이 시작되었다.
2014년	법정 최고금리가 34.9퍼센트로 내렸다.

2015년	한국에서 장기연체자의 채권을 소각해 주는 주빌리은행이 설립되었다.
2018년	법정 최고금리가 24퍼센트로 내렸다.
2018년	한국의 가계대출이 1,500조 원을 훌쩍 넘었다.

더 알아보기

민생연대 www.minsaeng.org

사채로 인한 피해, 파산, 임대차에 관련된 상담 등을 전액 무료로 지원해 준다. 2008년에 설립되었으며 후원금과 회비로 운영되는 비영리 시민단체이다. 시민단체로는 최초로 개인파산에 대한 무료 법률지원을 하고 있다. 특히 사채나 대부업체 피해자는 여러 가지 법률적 지원을 무료로 받을 수 있다.

서민금융진흥원 https://www.kinfa.or.kr

서민의 금융 활동과 경제적 자립을 지원하기 위해 설립된 금융기관이다. 일반은행들과 한국자산관리공사가 자본금 200억 원을 출자하여 설립했다. 개인워크아웃이나 국민행복기금으로 빚을 줄여 주며 햇살론으로 생계에 필요한 자금을 빌려준다. 미소금융과 바꿔드림론, 징검다리론, 새희망홀씨 등 다양한 대출상품이 있는데 금리는 2퍼센트에서 10퍼센트로 꽤 저렴하다.

서울금융복지상담센터 http://sfwc.welfare.seoul.kr/sfwc/main.do

2013년 서울 시민의 건강한 가정경제를 위해 만든 서울시복지재단 산하 공공기관이다. 센터는 크게 세 가지 일을 수행한다. 재무 상담과 금융 교육으로 가정의 빚이 늘어나는 것을 예방하고, 개인회생이나 개인파산면책 등의 방법으로 빚을 조정해 주며, 주거와 일자리도 연결해준다. 서울 외에도 성남시, 경기도, 전라남도, 경상남도 등 전국 곳곳에 14개의 금융복지센터가 있다.

주빌리은행 http://www.jubileebank.kr

시민들에게 받은 후원금으로 부실채권을 사들인 뒤 소각하는 방법으로 장기연체자들의 빚을 탕감해 주는 곳이다. 한 사람 한 사람 상황에 맞게 상담해 주며 빚을 정확히 파악해서 어떻게 조정해야 할지 함께 고민해 준다. 찾아가는 주빌리 상담소를 운영하여 금융복지상담센터가 없는 지역으로 직접 가서 상담을 진행하기도 한다. 무엇보다 부실채권을 관리하고 금융제도의 허점을 보완하기 위해 노력한다.

참고 자료

《작은 자본론》 야니스 바루파키스, 내인생의책, 2017

《약탈적 금융사회》 제윤경·이헌욱, 부키, 2012

《빈곤을 착취하다》 휴 싱클레어, 민음사, 2015

《대출 천국의 비밀》 송태경, 개마고원, 2011

《머니 힐링》 조성목, 행복에너지, 2012

《금융, 따뜻한 혁명을 꿈꾸다》 문진수, 북돋움, 2013

《부자들의 음모》 로버트 기요사키, 흐름출판, 2010

《은행, 그 욕망의 역사》 노블 포스터 혹슨, 수린재, 2010

《크레디토크라시: 부채의 지배와 부채거부》 앤드류 로스, 갈무리, 2016

《대출 권하는 사회》 김순영, 후마니타스, 2011

《착한 소비의 시작 굿바이 신용카드》 제윤경 외 3인, 바다출판사, 2010

《EBS 다큐프라임 자본주의》 EBS 자본주의 제작팀, 가나출판사, 2013

《자본주의 사용설명서》 EBS 자본주의 제작팀, 가나출판사, 2014

《빚 권하는 사회 빚 못 갚을 권리》 제윤경, 책담, 2015

찾아보기

내인생의책 은 한 권의 책을 만들 때마다
우리 아이들이 나중에 지고 이 책이 '내 인생이 책'이라고 말할 수 있는 책을 만득고자 합니다

세상에 대하여 우리가 더 잘 알아야 할 교양

68 대출 안 빌리면 끝일까?

위문숙 지음

초판 인쇄일 2019년 2월 26일 | 초판 발행일 2019년 3월 12일
펴낸이 조기룡 | 펴낸곳 내인생의책 | 등록번호 제10-2315호
주소 서울시 서초구 나루터로 60 정원빌딩 A동 4층
전화 (02) 335-0449, 335-0445(편집) | 팩스 (02) 6499-1165
편집 이지훈 | 디자인 위하영

ISBN 979-11-5723-462-2 (44300)
       979-11-5723-416-5 (세트)

책값은 뒤표지에 있습니다. 잘못된 책은 구입처에서 바꾸어 드립니다.

이 도서의 국립중앙도서관 출판시도서목록(CIP)은 e-CIP 홈페이지(http://www.ml.go.kr/ecip)에서 이용하실 수 있습니다.
(CIP제어번호:2019004584)

내인생의책에서는 참신한 발상, 따뜻한 시선을 가진 원고를 기다리고 있습니다.
원고는 내인생의책 전자우편이나 홈페이지를 이용해 보내 주세요. 여러분의 소중한 경험과 지식을 나누세요.

전자우편 bookinmylife@naver.com | **홈페이지** http://bookinmylife.com

어린이제품 안전 특별법에 의한 제품 표시

제조자명 내인생의책 | **제조 연월** 2019년 3월 | **제조국** 대한민국 | **사용연령** 5세 이상 어린이 제품
주소 및 연락처 서울시 서초구 나루터로 60 정원빌딩 A동 4층 (02) 335-0449 | **담당 편집자** 이지훈

세더잘 67

우주개발 우주 불평등을 초래할까?

양서윤 지음

우주는 인류를 위한 새로운 삶의 터전이다.
제한 없이 자유롭게 개발해야 한다!
vs 우주 정복은 제국주의의 재림이다. 불평등한 우주개발을 막아야 한다

우주 진출은 자유로워야 할까요, 평등해야 할까요?
'과학'이라는 가면을 쓴 우주개발의 이면에는 어떤 암투가 존재할까요?
캄캄한 밤하늘에 숨겨진 우주개발의 모든 것을 낱낱이 파헤칩니다.

세더잘 66

기후 변화 자연을 상품으로 대하면?

필립 스틸 글 | 정민규 옮김 | 이우진 감수

인간에 의해 지구 온난화가 발생했다고 주장하는 이론은 사기다!
vs 사람들의 인식과 행동 변화가 모인다면 기후 변화에 충분히 대처할 수 있다.

기후 변화의 양상과 영향은 어떨까요?
기후 변화를 초래하는 요인은 무엇일까요?
기후 변화를 새롭게 이해하고 대안을 모색합니다.

세더잘 65

인구 문제 숫자일까, 인권일까?

필립 스틸 글 | 정민규 옮김

인구 문제가 심각하다. 우리는 이 문제에 대해 좀 더 강경한 자세가 필요하다.
vs 인구 문제의 본질은 인권이다. 인권을 도외시한다면 인구 조절은 아무 의미가 없다.

인구 증가는 지구 환경에 어떠한 영향을 미칠까요?
인구 문제는 과학, 경제, 정치, 윤리와 어떻게 연관될까요?
인구 문제 해결을 위해 함께 논의할 모든 것을 살펴봅니다!

세더잘 64

은행의 음모 은행에 돈을 맡겨도 될까?

고정욱 지음

은행은 국민의 재산을 보호하고 국가 경제가 원활히 돌아가도록 통화량을 조절한다.
vs 은행은 인플레이션을 일으키고 남의 돈으로 자기 이익만 챙긴다.

은행은 어떻게 부를 장악했을까요?
돈은 왜 생겨났고, 신용은 왜 창안되었을까요?
통화발행권과 지급준비제도에 주목하여 은행의 음모를 파헤칩니다.